我想对着世界和远方说，没有我不肯坐的火车，也不管它往哪儿开。哪怕它是驶到那种小到不能再小的车站，驶到那种只有四等慢车才肯停留两分钟的小车站。

摄影◎邹亚楠　模特◎黄佳

摄影◎刘鹏飞

恰是阴天，海面像水银一般宁静，云层徐徐聚散，冰川肃穆，雪山苍茫沉默，四周寂静得仿佛时光凝滞。

并非岁月如梭，是我们把年华虚度。治病的药方，太史公两千多年前就开好了：读万卷书，行万里路。

摄影◎刘鹏飞

摄影◎邹亚楠

知人而悯人，知天而爱天；不慕大富贵，但求小清新。

你知道的，人世间的日子九成以上是无聊的，而这一成的小清喜，就是用来点缀这生活，让我们生生不息，一直过下去，过下去……

摄影◎刘鹏飞

摄影◎刘鹏飞

冯唐说「择一城而终老」，一下瞅见了「如果腰缠大把的时间」里的「如果」，而每个人的如果都不相同。

身自在，心才能得自在。

摄影◎刘鹏飞

所谓美好的浪费，其实是密实而紧迫的人生里精彩的留白，是心无旁骛地取悦自己。你就是你，不是任何人眼中的你。

摄影 © 邵梦璐 黄雅欣

春天，带一只狗去郊游

《读者·原创版》杂志社◎主编

贵州出版集团
贵州人民出版社
中国致公出版社
— China Zhigong Press —

图书在版编目（CIP）数据

春天，带一只狗去郊游 /《读者·原创版》杂志社主编. -- 贵阳：贵州人民出版社, 2017.5
ISBN 978-7-221-11494-5

Ⅰ.①春… Ⅱ.①读… Ⅲ.①文摘—世界 Ⅳ.①Z89

中国版本图书馆CIP数据核字(2016)第054137号

春天，带一只狗去郊游

《读者·原创版》杂志社/主编

出版人 苏 桦
选题策划 祁定江 吴小丽
责任编辑 潘 乐 刘向辉
特约编辑 张洪雪
封面设计 尚世视觉
版式设计 Harvey
出版发行 贵州人民出版社（贵阳市观山湖区会展东路SOHO办公区A座）
中国致公出版社（北京市朝阳区八里庄西里100号住邦2000商务中心1号楼东区15层）
印 刷 北京温林源印刷有限公司
版 次 2017年5月第1版
印 次 2017年5月第1次印刷
印 张 10.25
字 数 200千字
开 本 890mm×1240mm 1/32
书 号 ISBN 978-7-221-11494-5
定 价 35.00元

代前言｜以自己喜欢的方式过一生

我经常被问到一个问题——“你喜欢的生活方式是什么？”

怎么说呢？多年来，我遵循一个习惯——每天清晨坐在办公室（不坐班时，在家中书房）列单子，今天我要完成什么，我的目标是什么……晚上睡觉前，我会将单子再看一遍，只有上面列着的事情一件件都完成了，才能安然入睡，否则总会有些愧疚。

我的习惯基于我常问自己：你想要什么样的生活；这种抽象的生活状态由哪些具体的事物构成；我如何得到它们，分解在每年、每月、每天，我该怎么做。

我想要的，常随年纪、人生阶段的不同而改变，但习惯不改，方向一致，我坚信在精确的计划中，自己能过得安心、舒适、笃定。

我还被不断索要答案。

大多数人讲述他们的故事，末了，总是问一句：“如果你是我，会如何改变？”

提问者常描述一种自己想要的生活，比如辞职去旅行，在洱海边流浪；比如闭门谢客，在家习画。还有一位朋友在我的签售现场，带着神往的表情说：“我最想在杏花疏影里，吹笛到天明，悠然自得，以码字为生，但是想而不得。”

面对这样的提问，我通常认为他们根本不需要答案。

想要就去做，做就要有计划，有了计划就立马行动。但现在，他们的时间大多浪费在神往、抱怨、倾诉和思考“为什么想而不得”上。

所以，我从耐心倾听，到直言不讳。

“如果要旅游，你得先有假期，还要有财力，再做好旅游的准备。如果是买田置地，你要有周密的安排，仔细考量，还要懂园艺，起码请个会园艺的师傅。”

“吹笛到天明，首先你得会吹笛子吧？如果播放笛声，你有好的音箱吗？你还要具备基本的审美能力——好的笛声你懂得欣赏吗？”

“所有不想为之吃苦的理想都是耍流氓。以写作为例，你做好被退稿的准备了吗？如果你怀孕7个月仍要通宵赶稿，你能接受吗？”

“你有具体的计划吗？”

“每个阶段性的目标有时间节点吗？”

“你能及时调整计划和心态吗？”

……

其实我想说的是——喜欢一种生活方式，你要有实现它的能力，即实现目标的耐力和执行力。如果什么都没准备好，就不要叹息想而不能了。

其实，所有的思考，结论只有一个：过你想要的生活，成为你想成为的那个人。你心中要有切实的计划，并有能力将计划逐一实现。

◎林特特

目 录

CONTENTS

何处风过蔷薇

品质生活

月老还有南瓜藤

远 行

行走是最好的阅读

人在囧途

何处风过蔷薇

我曾经有过这样的梦想：如果拥有一座小花园，我将在里面遍植蔷薇；如果我可以负责一座城市的绿化，我将在墙边街旁种满蔷薇。那么，在五月，如果你打街上走过，将会看到满街花架，倾城蔷薇，还有什么心事不能放下？

清 喜

关键词：清欢 喜悦 宁静 生活

少时读“雪夜访戴”的故事：王羲之的儿子雪夜去看一位姓戴的朋友，只是想去，只是心血来潮。到了朋友家门前，却说，已经好了——清喜的过程就在雪夜，在月光下的一路。

后来读日本女作家清少纳言的文字，总有这种清清的喜欢。人生自是有清欢，一点也不厚重：午夜醒来，听到小昆虫在叫；夏天的午后，紫色的桑葚盛在冰蓝色的碗里……小喜可欢。

看民国课本，有这样的句子：“几上，有针，有线，有尺，有剪刀。我母亲，坐几前，取针穿线，为我缝衣。”看后心里安静喜悦。那《开明国文讲义》，分明有着最清喜的动人之处。有的时候，文字越是清浅，越是让人感觉宁静。就像人生，删繁就简之后，大概就是想和自己一辈子都不厌倦的那个人煮煮饭、看看书、聊聊天、喝喝茶、唱唱戏……

再没有惊天动地，或者相互给对方染染头发，叫一声老伴……怎么就老了呢？

人生有多少大事呢？多数时候是这种小清欢吧。四季便是人生的衬托，冬天总是那么长，可是为了等待春天那短暂的盛开，就心甘情愿地等待着，一任苦寒。可是在这苦寒里，得寻那半杯冰雪泡茶，赏那清梅独自开。

喜欢在风中散步，走得很快，可以听到风掠过耳际。“不是我，而是风。”在幽微的暗里，找寻那星星点点的光芒。

满城桂花香时，心里贪婪得不行，可是知道很快就会过去。

四月梨花赴死一样盛开时，堆在一起像尸……还有樱花，还有杏花。心情是一样的素淡。

更喜欢布衣了。粗糙的，一丝华丽也没有，亦少粉黛，穿素面布鞋蹲在花前发呆。蔷薇开得热烈时，亦有悲情，可是，很快就过去。

放着老录音，听余叔岩的《鱼肠剑》。做一碗面，放些香菇、西红柿、西兰花，红绿夹缠，分外动人。生活本身，比艺术高很多。最美的艺术是生活。

亦逛菜市场，那卖周黑鸭的总用武汉话嚷着：“又辣又香！”东北开花大馒头，手工的馒头有着动人的香。那卖馒头的女人说：“手工的东西才好吃。”她鬓上总插一朵花，人不美，却自称“馒头西施”。据说“周黑鸭”在追求她，她寡居多年，但依然爱美爱戴花。

卖肉的小马，天津人，说话急了就像相声。

人高马大的女子，把排骨剁得啪啪响……

有一天，看到她坐在肉摊前看《小说月报》，神情颇专注。她是自己的观音，无视这菜市场的脏乱差。但这脏乱差里有一种难得的从容和日常。生活最美的是日常，日常被打断，清喜就被打断。

偶尔去唱戏，依然没有天分，张嘴和乐队说：“我唱降E。”裴先生唱正工调，67岁了还唱这样高的调门，每次听她唱《十三郎》都呆住。她也穿布衣，宽袍大袖，不似她那个年龄，亦不用化妆品，一个冬天只穿一双红袜子。我笑她的袜子好玩，她索性脱下来给我看，脚心三个字：踩小人。两个人孩子似的笑翻。她真了一辈子，那天说："真最难，也最好。最难的东西，当然最好。"

过了文艺的年龄，更喜欢脚踏实地。拎着一捆惊红骇绿的菜回来，细细地择。那日遇到一位女琴师，看她一个个把小饺子捏成小鸽子，就更喜欢她了——如若她只会拉琴不会生活，不会让我喜欢成这样。

早春的时候，蹲在路边看人。

爱看少年。因为年少，所以干净。

那些男孩儿骑车飞奔着，头发黑亮。女孩儿早早穿了丝袜和短裤，背军绿的大背包，站在街边抽烟——那抽烟的姿势便是电影镜头，让人艳羡不已。

老人们则还穿着冬天的棉衣，厚而臃肿，坐在太阳下发呆，脸上一丝表情也没有。不动声色亦是美的，烈有烈的美，静有静的美。

送快递的小董来了，仍然是那辆电动三轮车，在楼下嚷着："雪小禅，拿快递。"

披头散发穿着拖鞋和睡裤下去，有小区的人问我："你是雪小禅？"我连忙摇头："不是，不是，不是。"快递送来的是朋友亲手设计的项链，上面一朵暗暗的莲花——只要懂，什么都是对的。

那人间众多的清喜，如小蛇一样游在混沌的日子里，只要你用心，就能抓到。你知道的，人世间的日子九成以上是无聊的，而这一成的小清喜，就是用来点缀这生活，让我们生生不息，一直过下去，过下去……

◎雪小禅

但求小清新

关键词：真实 恬淡 希望 清新

我大学毕业后被分配到小县城里的中学教书。那一年冬天我正在谈恋爱，一位前辈同事问我："平时都是怎么谈恋爱的？"我如实相告："多半是到城南的小河边踏踏雪、散散步。"

这位前辈不以为然："谈恋爱哪里有那么多话要说呢？大冷天的，去河边干什么？不如两个人围着火锅吃点喝点。"他还具体地指点我："你应该去菜市场买一条胖头鱼，多放点青蒜、雪里红和豆腐，煮滚了吃，两人这样才会越吃越亲热……"

现在想来，这真是最宝贵、最实惠的恋爱指南了。

记得当时小县城里唯一一家电影院的拐角处常年有一位身材瘦小的老伯摆着一个卖芝麻汤圆的摊子。摊子一头码着整齐的木柴，木柴上面放着笼屉，里面放着又白又圆的芝麻汤圆。

不久，我就采纳了前辈同事所指点的那套"吃喝哲学"，一有机会就拉着女友到那位老伯那里，两个人一边烤着火，一边吃老伯煮的芝麻汤圆。汤圆很好吃，渐渐地，我和女友不再愿意去那冷清的河边踏什么雪了，两个人也果然是“越吃越亲热”。

后来，我在一篇散文里也看到过这样的意思：到了一定年龄，男女之间与其在那种光线幽暗的地方卿卿我我，玩什么“第三种感情”，不如在一起吃点喝点更为实在。

我的德国朋友雷纳·科特先生是一位著作等身的作家。有一次我们一起吃饭时谈起了各自的家庭。他问我：“你是诗人，你的女儿是学艺术的，那你夫人一定也是从事文学或艺术工作的吧？”

我笑着告诉他说：“正好相反，我的妻子既不喜欢文学，对艺术也没什么兴趣，她只喜欢money。”——我做了个点钞票的动作。

科特先生一听，大笑着说：“我的太太也是这样的，她只关心我的版税有多少，至于我写什么她从不在意。”

我觉得，我们两人都谈出了生活中最真实的一面。

有一位年轻的女同事说很感谢我平时对她工作上的帮助，想买一款名牌香水之类的礼物送给我。她妈妈知道了，就给她当“参谋”。最后，女孩提来一大袋子馒头，说：“这是我妈亲手给您做的，她知道您是山东人，肯定喜欢吃这种大馒头。妈妈说，以后还会经常做给您吃……”

离开家乡很多年了，我确实很想念这种大馒头，有时候甚至想得都有点馋了。因此，我觉得这是我收到的最喜欢、最实惠的礼物了。

真实、恬淡、自然的生活，即便没有玫瑰花，一样也是那么值得去热爱，一样也有“小清新”。

这也使我想到了《向田邦子的情书》那本小书。

“天气又要变冷了，请保重身体。”

“邦子趴在暖炉桌上，显得很满足的样子。”

这是在《向田邦子的情书》里随处可见的句子。

向田邦子曾是全日本收视率最高的广播剧和电视剧作家，也是一位优秀的散文作家和小说家。

邦子一生未婚，生前，她的个人生活十分低调和私密，没有任何人知道她的生活秘密。

邦子去世20年后，她的妹妹打开了她遗物中的一个牛皮纸袋。于是，我们得以看到一个真实的向田邦子，看到了她和一位已有家室却正在分居的“N先生”的一段温煦恬淡、终生不渝的爱情故事。

《向田邦子的情书》收录的即是装在那个纸袋里的邦子和N先生的一些往来书信，还有N先生的一些简约的日记。

饮食男女的恬淡生活由日常起居、相互叮嘱和提醒的许多小细节，表现得那么贴心、实在。谁能说这不是一种“小清新”和“小浪漫”呢？

知人而悯人，知天而爱天；不慕大富贵，但求小清新。我相信，无论生活有多么艰辛，无论人生有多少烦恼和不如意，我们最终还是会珍爱生活，珍爱每一个新来的早晨，并且对未来的日子依然充满最大的信心和希冀。

◎徐 鲁

文艺的成本

关键词：文青 成本 美好

在过去，过去的过去，女文青的标志相当简洁、明显——人群之中，那个马尾辫用一块素雅的小手帕扎着的，必饱含文艺细胞无疑；送人东西，都在笔记本里夹一片随手从头顶摘下的树叶，天然绿色无污染。

我自己也有一个很好看的本子，专门用来摘抄各种令人怦然心动的诗句和美文片段。扉页上是潇洒的手写体——故乡的歌，是一支清远的笛，总在有月亮的晚上，响起。更老一点的版本是——走自己的路，让别人说去吧。字体用纯蓝墨水。

现在，做文青的成本明显比以前高多了。

你所看到的小清新的她，可能一年到头只穿两双鞋——一双UGG长靴，深秋穿到暮春，接着换上一双CROCS洞洞鞋，踩过整个夏天直到初秋。

但是，她家里可能有整鞋柜的高跟鞋。两双鞋走四季，她本人却是标准的高跟鞋“收藏控”——没有个把癖好，还敢说自己文艺吗？深夜，她把鞋一双双穿出来，在地板上走两圈，照照镜子，拍张照、发个微博什么的，再心满意足地收起来。

她得有部手机——苹果的，退一万步也得是小米。但这不够，还得有部单反相机。

但这还不够，还得有部胶片相机。拍照用全自动模式，这不代表她不懂得逆光和侧逆光。她用一个巨无霸的复古牛皮挎包，挎包旁斜系一条丝巾。丝巾对女文青来说，不是轻率地围在脖子上的，丝巾可能用做腰带，也可能是包包的点缀。巨无霸的包里藏着两部相机中的一部，出没于这城市的每一天。当然，这相机可能一整天都没被掏出来。

她有牛仔衬衣，也有蕾丝长裙。衣柜里的上装至少有七八件是永远的彼得·潘领，还有冲锋衣，以及一双专业的户外运动鞋。说到这里发散一下思维，据说冲锋衣、户外运动鞋、单反相机加双肩包，是现在野外踏青的文艺青年标配。

她写微博，界面绝不用系统自动提供的图片，要用自己拍的花花草草自定义。发图时，年轻些的女文青常搭配的词组有——“酱紫”、“矮马”、“矮油”、“鸭梨”、“好基友”、“姐，你是要闹哪样”。如果某天上淘宝没抢到新货，会简明扼要地做出自我评价——RPWT（我努力了好久才翻译过来：人品问题）。

文艺的成本，在每个月收到信用卡账单的那一天，表情沉痛地计算出来。

但，在越来越物质化的生活中，便宜到成本为零的文艺也不是没有。

比如坐在公交车上，看到河岸边粉色樱花在阳光下闪烁飘落的那一瞬；打开广播，交通台响起深沉的男声“流金岁月”，然后姜育恒的老歌响起——

“经过的事，我早已忘记”；一碟酱肉刚蒸好出锅，拈一块放进嘴巴；冬天的深夜，电热油汀取暖器发出“比噗”的爆裂声；从小饭馆出来，看见沉默的小老板用色拉油桶裁剪出半截花盆，种上一把绿绿的小葱。

那些令人汗毛直竖的小美好，一瞬间也能铺天盖地。

◎柴岚绮

自在

关键词：自在 本色 诚实

鞋柜里的高跟鞋整日闲置，新添的无一例外全是平跟或矮跟鞋，便于步行。平日上班，穿过省府大院，步行一刻钟即到单位，平跟鞋舒适到可忽略脚的存在（像一切良性的关系），眼和耳可腾出观尘世万象：满墙爬山虎，四月盛开的紫玉兰，盆里的几株葱，盘踞在路中的白色英俊大狗……走到一株高大的柚子树下时，我脑子里甚至冒出句话："脱下高跟，立地成佛。"

身自在，心才能得自在。这是个虽朴素却要经历许多才能懂得的道理。以前我有多热爱高跟鞋啊，像小S说的，高跟鞋是女人的生命，她连怀孕时也要足蹬五厘米高跟鞋。

但她毕竟是混娱乐圈的，生活处处是T台。像我们这种"混柴米油盐"的，热衷穿高跟鞋最多只落得自虐。无论多符合人体工学的高跟鞋，终究是高跟，它用人鱼姑娘行走于火炭之上的姿势换得一点儿乌托邦式的幻觉——自己在这世界上的位置升高了三五厘米。

从高跟鞋转为平跟鞋，是否可视作对幻觉的部分摒弃？像摒弃其他一些幻觉，回落地面，重心着陆。

高跟鞋也是种身高的化妆，女人通常只化妆给陌生人看，亲密关系中必然卸掉一切装饰。和世界的关系亦然。

从这个意义上看，我与世界、与内在的自己达成了一定程度的和解。

这是随岁月修正的审美——好看，一定先得自在。高跟鞋之美包含了强烈的人工感，平跟的美更安适，像云、树，像一切自在之物。

鞋是脚与大地之间抒情的介质。

在微博上看到一位女士赞美读书之乐，为说明此种书香情境，她配了若干阅读的照片：身穿窄幅旗袍，或倚或卧或坐，捧卷在手。画面的确够古典、婉约（若旗袍能再长点，及膝更好），但我很怀疑这种“读书之乐”。在我看来，最好的读书姿势必得着家常衣，不论款式，需得宽松，不被衣所累。

读书佳境为“忘我”，穿那么紧且短的旗袍如何忘我？到处都是“我”，我的胳膊我的腿我的身段……只是没了书。

理想读书之境，应该是身静、心清，姿势舒坦地翻开书页，随时想屈膝、伸脚或盘腿都无衣物之碍，还不能是电子书，必须为纸质读物，唯纸张才能与“阅读”的实质匹配。衣物质地也以宽松棉麻为宜，佐清茶一盏，阅读之旅便可开启。

说来说去，其实都是说“自在”。

“自在”一词似出自佛教（诸佛也称“自在人”），“以我见故，流驰生死，烦恼所逐，不得自在”。反之，站得高点儿，想得开些，便是自在。

我在健身房中见一胖女子，穿浅色紧身练功服，坦然对镜，既不自弃也不自恋，只是客观地接受面前这个“我”，这是自在；席中诸位热议某获奖作品，我问某人的看法，他一笑，说“抱歉，我没读过”，这是自在；广州某意式餐厅，一年轻女孩独自在周围亲昵的情侣间，沉静地吃她的简单晚餐，吃完安静结账，离开，这也是自在；我见高个儿妻子与矮个儿丈夫从容比肩，谈笑风生，不管路人目光，这也是自在……

自在是本色，是心平气和，天真相见。

“我不反对什么，也不顺从什么，只有诚实，很简单。”

这是一位诗人说的。“自在”的本质就是诚实。

◎陈蔚文

读书小感

关键词：读书 目的 境界

这世间往往是少的羡慕多的，短的羡慕长的，书龄上也是一样。我下定决心开始读书，是因为当年旅行至意大利，花10欧元进了一个讲文艺复兴的博物馆。价格记得清楚，博物馆的名字却早就忘了。

如此鸡贼，进去之后竟然发现一窍不通，因此痛下决心今后不搞懂文艺复兴是什么绝不再花钱进博物馆。旅行回来认识一位学长，追姑娘百发百中。究其原因，原来是太有文化，没说两句便引经据典，搞得姑娘们芳心乱颤。看到原来读书还有这等好处，便虚心求教。他于是给我推荐了人生中第一本严肃的书：《苏菲的世界》。硬着头皮看下来，没全懂，却也让我有信心再进博物馆。之后便哪儿不懂补哪儿，越补越多，却发现不懂的更多。

读书没有让我追到姑娘，却意外地给了我许多其他的好处。读书让我敏于内心，强于情绪，在我看来，有和旅行同等的功效，甚至甚之。古人讲，读万卷书，行万里路，就是这个道理。只走路不读书，走马观花，乱花钱不说，总觉得华美的大树找不到深厚的根基一般。有了根基，人就踏实，人一踏实，就再也无所谓生活琐碎了。我一直认为，见过名山大川的人是不会小心眼儿的。同样，读过书的人也不会。

在我看来，读书的人气场不同。这种气场说不上是好是坏，只是和大多数人不一样。和他们在一起未必有什么“灵魂上的碰撞”，但至少每次都开开心心的。同样，出门会带一本书的人气场也不同。虽然电子书泛滥，但我仍然习惯出门带一本不需要智商的小书，坐地铁，等人，一个人等菜，随时翻上两页。茫茫人海中，我总会遇见一两个陌生人也拿着一本书。

这时候，虽然是陌生人，两个人却可以相视一笑，似乎是外星人宇宙飞船屏幕上两个无法相认的小红点。

我平凡无奇，生命中注定很少遇见“高人”，因此也就无从了解许多稀奇古怪的想法。然而，若想对某个自己不了解的领域有所了解，却又不得不去寻找高人。这时候，丹纳给我讲了《艺术哲学》，木心给我讲了《文学回忆录》，朱光潜给我讲了《西方美学史》。有的书告诉我，这是真，那是假；有的书告诉我，如此是正，如彼为邪；还有的书告诉我别找了，放弃吧，根本就没有公平与正义。我都高兴，都喜欢。绝大多数人坠入生活，满身臭气——每天不顺心的事情就足以搞臭你的脾气。

幸好书是香的。躲进书里，仿佛炎热的夏天躲进温度适宜的空调房。

我读书的目的，是为了在和书交流的过程中，慢慢让书变薄，让自己变厚。但这并不是个简单的过程。好在书是奇妙且包容的：无论你是谁，都可以从正面理解或者背面理解。理解不同，影响也就不一样。因此读过同一本书的两个人，去往两个不同的方向是极有可能的。书塑造人，好书塑造不同的人。然而人也在塑造书。《战争与和平》会因为你读过它一遍而变得不同吗？

答案是肯定的。不信？那你再去读一遍好了。

读书的时候，和书交流固然重要，但也要和人交流。两三个好友，通读一本书，读完一起开个扯淡会，聊聊书，聊聊从书中引出的任何东西，都是极好的，我都心向往之。遇到此种人，可以成为至交。

但最高的读书交流境界，不是讨论，是不说。一个人读完一本书，交给另一个人，只说："这书不错，看看。"对方看完，把嘴撇成一个倒挂的弯月亮，认真点两下头，只说："确实不错。"

遇到此种人，可以托付终身。

◎米　周

芳邻咖啡馆

关键词：咖啡馆 生活状态 美国

这家咖啡馆过去是一个地毯商店，听说是一对兄妹租下它，要开法国式咖啡馆。过了一阵子，它终于开张了。传统的设计加点现代派的装潢，鲜美的面包、糕点和浓香的咖啡，招来四邻八方的顾客，渐渐地，这里成了一个社交中心。即使冬天大雪纷飞，路断人稀，咖啡馆的壁炉前仍然围坐着一群读书看报上网的人。

咖啡馆是人世的一角。在这个安静、朴素、略显保守的中西部城市，似乎更接近真正的美国人的生活。从总统选举到世界局势，从趣闻逸事到家长里短，你能听到不同的声音。来往久了，你甚至能从一个人的谈吐装扮推测出他是什么职业，属于什么样的社会圈子。虽然人们大都不愿意承认自己的党派倾向，但一个人的生活状态往往决定着他的政治观点。美国社会很奇怪，自由表达的观点呈现出的是一个公开分裂的社会，而在终极目标上又是一个整体。

通常觉得美国人最注重个人隐私，但身处空间狭窄的桌椅之间，顾客们好像根本不在乎痛快淋漓的倾诉——大概这也是一种释放压力的方式。看来无所不在的网络还无法取代人们面对面的交谈和对视，这也许是人们扎堆芳邻咖啡馆的原因之一。

生意兴隆的咖啡馆总是拥有一群死心塌地的老顾客。美国人很实际，希望自己喜爱的小店不倒，就会上门消费。相比大的购物中心，他们更偏爱邻里间有特色的小店铺，宁愿多付些钱，让稀有的东西留存下来。有朋友告诉我，她的父亲每天在同一家小店吃早餐、付小费，风雨无阻30年，直到去世那一天。但这样老派的人在美国越来越少了，加上近些年经济不景气，邻里小店生意冷清、关门歇业的情形随处可见。这个国家的传统信仰和生活方式面临着挑战。

芳邻咖啡馆依傍着湖区，来来往往的多是这一带的居民，主要是富有而不奢靡的退休者和中产阶级雅痞，偶尔也有浑身艺术范儿的过客。这里还兼具小型商务会所功能，人们一边谈生意一边喝咖啡，大概也不是什么大买卖。

芳邻咖啡馆偶然也会有些小插曲。那天和朋友们聚会，邻桌是四位老太太。她们相谈正欢，其中一位突然软软地瘫在地上。见此情状，立刻有人打电话求救。三分钟后，消防车呼啸而来，跳下车的消防队员手提药箱、仪器先行施救，随后救护车也火速赶来。从事发到将中风患者抬进救护车，短短的五分钟，却是生死一线间，这也是社会秩序和效率在一个小小咖啡馆里的映照。

你若是望着窗外，流淌的街景也有趣。你能看见一个人牵着十几条狗呼啸而过。这是一位身材矫健的帅哥，职业是遛狗员。不要小看这个职业，不比保姆、管家挣得少，并且长期在户外行走，健身、挣钱一举两得。我曾经问过这位帅哥，为什么选择这个职业，他说他喜欢狗，能读懂狗的语言，还说和狗沟通比和人类沟通更容易。言谈间，他仿佛将军率领着一群士兵，显得威武又自得。

◎简 妮

何处风过蔷薇

关键词：春天 蔷薇 青春 爱情

曾在散文论坛上看到一个女子的网名，觉得很好，至今记得，那个网名叫“绝版蔷薇”。

绝版的蔷薇开在五月，于是，第一次发觉五月的好。春天去了哪里？只剩这一路的寂寞。春无踪迹谁知？除非问问黄鹂，也许它知道。乘着风势，黄鹂飞过蔷薇花丛。蔷薇入眼，不知不觉中，夏日已经来临。开在春夏之交的“美人花”，就是绝版的蔷薇。

北宋诗人、词人、书法家黄庭坚的《清平乐·春归何处》，在我看来，是伤春的断肠之作：

春归何处？寂寞无行路。若有人知春去处，唤取归来同住。

春无踪迹谁知，除非问取黄鹂。百啭无人能解，因风吹过蔷薇。

要想知道春去了哪里，先回想一下春是怎么来的吧。

三月伊始，我就盼着春天的到来，很想脱下身上的毛衣，可还不行，只能先脱掉厚重的羽绒服。盼到三月底，迎春花开了，是一片微寒的黄色。

四月里，我盼着各种春花开放。中午与女友们寻花，为的是照相，实则是寻欢。杏花、樱花、梨花、二月兰、丁香、碧桃、西府海棠……都开了！你看，女人的脸，藏在花蕊中。

趁着花事繁忙，减衣进行中，不免寒气入侵，倒成了病恹恹的四月。况且，花期不长，仅仅过了一个周末而已，落了一片红，都没来得及照相，白瞎了四月的花事。于是跟着古人一起叹息，春花虽好，好景不长，堪当折时，直须攀折。

五月的花事愈加繁盛，且以各类树木开的花见长，紫的泡桐花、白的槐花……五月初我进了一次山，看到路边成片成片的紫色槐花，询问了专业人士，说是新品种，叫香花槐，又叫五七槐，因在五月和七月开花而得名。

五月里的花，还有鸢尾。我以为鸢尾只有紫色，某天看到一座花园里开着好几种颜色的鸢尾，黄的、浅粉的，却只觉得紫色的好。

五月里的花不算什么，五月里的绿最好。初春的柳烟虽好，毕竟初生，略显轻飘，且看五月的绿，已经很润了。

五月里的风也好。开了窗，凉丝丝，舒爽极了。床单绵且薄，因五月的风吹过，躺在上面，如躺在草地上。

但以上种种，都是蔷薇开放的前奏和序曲。

这春天的尾声，夏天的开始，这生命的渐渐深入，年轮的无声转动。

我曾经有过这样的梦想：如果拥有一座小花园，我将在里面遍植蔷薇；如果我可以负责一座城市的绿化，我将在墙边街旁种满蔷薇。那么，在五月，如果你打街上走过，将会看到满街花架，倾城蔷薇，还有什么心事不能放下？

很多年以前的一个春末，一个男生和三个女生一起去食堂吃饭，那一路上有白色的花丛相伴。不知怎么，其中一个女生跟男生争论起来，女生突然说："你要是这样，我就送你这花。"男生一愣，说："这是蔷薇。"另一个女生说："蔷薇代表爱情。"那女生讶异。

很多年以后，那个要送人蔷薇的女生已到中年，在远离故乡的另外一座城市生活。五月初，她于一个清晨在楼下等待友人，恰逢公寓周围初开了整片的粉色蔷薇，花朵不是很大，但开得繁密，衬在绿叶中，如星眸隐在人间。

她问友人："你知道你家窗下开的花叫什么名字吗？"对方答："狗尾巴草倒是认得，但不认得花儿啊！"啧啧，白白浪费了这如画的美景。

一阵清风吹过，蔷薇架下往事不惊。春花，青春，爱情，已成绝版。

◎杨 荻

花小友

关键词：种花 插花 梅花

一位老者喜欢梅花，案头有梅瓶，剪了含着小苞的梅枝回来插着，花总是开得早，比梅树都早，这让我好奇，原来花瓶里的水是用柳枝浸了很久的，说是老法儿。前不久，看了一篇科普文章才知道柳条浸水，水里便会有一种叫"萌芽素"的物质，瓶中的梅花早开，是有道理的。

突然想起祖父。祖父喜欢种花，年轻时就爱，门前的牡丹长成树一般，花开得高低都是，老头儿不许折，一朵也不许！我那时手贱，总想着折一两朵，插在空墨水瓶里，也不留枝叶，只留花骨朵，这更让老头儿深恶痛绝。有一回，我折花被他老人家捉了现行，这回他没有怒气冲天，而是央着我别跑。老头儿找了个罐头瓶，倒了清水，把那朵花插了，然后转身出门，扯一枝杏花和几根小藤插进瓶里。他后退几步歪着脑袋瞅，有点自得地说："客随主便嘛。"

有一天我看到明朝人袁中郎说插花，讲究有主有客，就像梅花是主，水仙是客，清雅得可以。忽然想起祖父那句"客随主便"的话，原来也是挺有讲究的。

中郎后学屠本畯进一步说插花，一瓶之中分花盟主、花客卿、花使令，层次出来了，使令最长，客卿次长，盟主最短，焦点所在。另有几枝花小友用来点缀，花小友分春夏秋冬，春有慈姑，夏有菖蒲，秋有挺翠，冬有金柑。

“花小友”三个字让我着迷，想来我们也算是花的小友吧？花开在那里，只是开着，而我们有机缘看见一朵、一丛、一树，或者一地，惹眼或者不惹眼，可看见了，心思总要动一动，像是花的额外赏赐。

有花，如何赏？各有说法，我喜欢中郎的几句：“茗赏者上也，谈赏者次也，酒赏者下也。”

至于花季，程羽衣的《花月令》最好，他说正月：“兰蕙芬，瑞香烈，樱桃始葩，径草绿，望春初放，百花萌动。”又说二月：“桃始夭，玉兰解，紫荆繁，杏花饰其靥，梨花溶，李花白。”单是看字，眼睛似乎就有了香气，更别说身临其境了。

好多花有小名，就像芍药叫“将离”，古时男女离别，赠芍药，这已是花语；玫瑰叫“徘徊”，像是款款行走；木香叫“锦棚儿”，这三个字太传神。

我少时喜欢妖精，看过《刘海戏金蟾》的戏，砍柴时总想遇到狐仙。后来念书学课文，有一篇《灌园叟晚逢仙女》，大约是个传奇，主人公秋先看见花就买，没钱脱衣服解当，光着身子也要买。有人折了花，用泥捏个假根儿哄他，他也买下来。

“且说秋先每日清晨起来，扫净花底落叶，汲水逐一灌溉，到晚上又浇一番。若有一花将开，不胜欢跃。或暖酒儿，或烹瓯茶儿，向花深深作揖，先行浇奠，口称‘花万岁’三声，然后坐于其下，浅斟细嚼。”

三呼“花万岁”，臣服于花，这样爱花的可能无人出其右了。后来，花仙子嫁给了他。每读之，怦然心动，这做派可望而不可即，同时，知道遇到花仙子是不可能了，不过，种些花自己看，做个花小友不难。

有一年，我从几十里外的二姑家挖了一棵木瓜海棠扛回来栽了，第二年就开了花，祖母说红得好看。后来，祖母去世，我将那棵木瓜海棠栽在她的坟前。二姑听说后，流着眼泪夸奖我，她觉得那也是她的心意。

再后来，我到了城里，想种花草，只能用盆子，阳台上摆了许多。有一盆兰草，是从老家带过来的，背井离乡长得不算好，去年给盆子里加栽了马头兰，马头兰长得满盆都是，不想带动了兰草，它新发了许多，势头盖过马头兰。

闲时，我在阳台上，看藤蔓爬在四周的钢筋上，它们减轻了我作茧自缚的感觉。花草都很普通，像野菊、栀子、海石榴，可是自它们来到阳台之后一直活着，这要花点儿心思。

有时收了花籽儿，揣在口袋里，在街上走着，偷偷摸摸给绿化带撒两粒，去公园也撒点儿。想象着某一天，它们开花了，被某个孩童发现，大呼小叫着“开花了”，我自个儿先笑了，那种傻乐啊！

◎南在南方

把夏天清凉地打碎

关键词：儿童 夏天 时光 西瓜

忘不了儿时的夏天，尤其忘不了圆溜溜的西瓜。在梦境里，总能看到一轮骄阳在不停地追逐着我，直到把我追进一个滚圆的西瓜下面，我才咯咯笑着扑到父亲怀里，央求他为我从屋里抱出一个西瓜，切出一份清凉，擦净我“花狗脸”上的盐花……

早晨的阳光白花花的，肩上搭着毛巾的父亲从后院的老井里悠悠打上一桶井水，一步一晃，拎到厨房，再随手扯下毛巾，一把拭去额头的汗，接着弯腰从门后一堆滚圆的西瓜里，抱起一个还带着瓜秧子的放在耳边，空出的那只手去轻轻拍打两三下——虽然十拿九稳，但细心的父亲还是要“验明正身”，直到听出“嘭嘭”的响声来，才满意地将它放入清冽的水中，让它漂浮着“冰”上半日。这时，我总会欢喜地蹲在桶边，用手指去拨动水中的一团墨绿，也会使劲地按压下去，把西瓜逼到桶底，再从水中哗啦一下抽出小手，看它晃悠悠地浮出一张顽皮的笑脸。身后，父亲在琐碎的家务中，亦在时快时慢的话语中，传授给我听声音去判断西瓜生熟的秘诀——“拍打，听到‘当当’声的，大多半生不熟；发出‘噗噗’声的，是熟透但泄了瓤的；只有悦耳的‘嘭嘭’声，才是刚刚好。”我蹲在不再刺眼的阳光里，心不在焉地“嗯嗯”回应着他。

时光清澈如水。此刻，我轻点记忆的触屏，便荡漾起一个个温馨的午后——穿着白背心、蓝色大裤头的父亲等我午睡醒来，捞起水中的一团清凉，控了控水，捧到案板上，用干净的抹布拭去最后的水滴，再抽出一把菜刀。在菜刀触到瓜皮花纹的刹那，刀下就有了清脆的声音，一个秘密的世界闪着光夺目而来——红瓤、黑子、白霜……这一刻，清凉，一种带着芳香的清凉扑面而来，恍惚间，滚滚夏日已绝尘而去。生活蜷伏在一片墨绿的阴凉里，亦温柔地陷进一团甜蜜。父亲信手拈来的这份清凉是一抹蛊惑，先于味道抵达内心。

父亲温柔地安慰着急不可耐的我，将瓜一块块递给我。他和母亲则坐在堂屋的竹床边，沉稳地低头吃瓜，抬头说些绿豆芝麻的话，而我在一旁欢快地吞吞吐吐，直到脚下落满瓜子，直到殷红的汁液顺着快要撑破了的肚皮向下滴，我才满足地拍着小肚子。那时，窗外的热浪杀了个回马枪，而父亲却在我沁透了甜蜜的心里，把夏天清凉地打碎，直到今日，仍觉得甘甜。

而今想起，那时依旧清凉，只是父亲走了，我再也吃不到在白花花的阳光下，那些他为我在井水中“冰”上半日的西瓜，听不到刀下一声声脆裂的欢喜……写到此处是伤感，我的泪忽然落下来。

◎张 珂

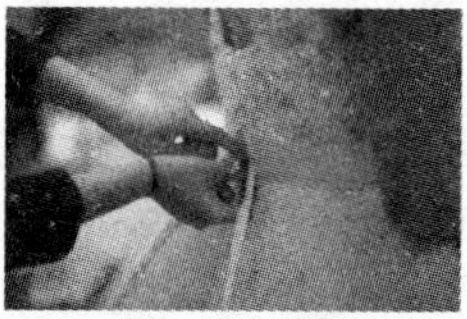

品质生活

时光更迭，人事易改，一切都向着幸福的方向发展。物质改变了我们的生活，却让我们也变得物质起来，消磨了生活的情趣。多年以后，我仍记得那些尴尬的日子，还有那些尴尬的日子里的火焰青春。

给暗夜一管口红

关键词：童年记忆 青春 浪漫 智慧

20世纪80年代，正是我家经济比较拮据的时候，父母拉扯着我和妹妹，住的是土屋，墙上糊的不知道是哪年哪月的报纸，吃的是令现代人艳羡的“五谷杂粮”

……那时，似乎全世界都不怎么华丽，灰蒙蒙的一片，脱色到斑驳，像极了一张年代久远的海报。即便在这样的日子里，母亲也不忘变着花样给家里添点装饰。

印象中，母亲会从拮据的收入中挤出一部分钱来，去市面上买一张红且绣着牡丹的被面铺盖上去。母亲说，这样，我们就有了华丽温暖的日子。农忙归来，她还会顺便从田间捎回来几个胡萝卜，一个直接做凉菜，剩余的挂在门头，给家增添一些喜悦的氛围。远远望去，整座土屋都喜上眉梢。

母亲做馒头都不随便和面，而是把白面和杂粮面分开和，然后交叉着叠在一起，做成“花卷子”，这是来自我们皖北乡间淳朴的浪漫。做“花卷子”多麻烦呀！光和面就需要个把钟头，而母亲总是乐此不疲。

那些日子没有烟花，甚至过年的时候，大盘的鞭炮也很少放。每到初秋，父亲就会想方设法补偿我这些爱玩的孩子。那时，乡间多种梧桐，梧桐树上结着一种土称“痒痒毛”的球状果实——应该是梧桐果。

梧桐果快要成熟的时候，父亲会从树上摘下来一些，把它们浸泡在煤油里，晚上拿出几颗，用火柴点着一颗，在手里抛上抛下。看着火球在空中飞舞，我们的脸上露出笑容，父亲也手舞足蹈得像个孩子。

父亲是个乡村医生。别人家的孩子都报了兴趣班，学绘画、书法，父亲买不起颜料，常常奢侈地从药柜里拿出来一些朱砂，让妹妹在白纸上画最艳丽的芍药花。

多年后，妹妹的这些“手稿”还被父亲珍藏着，直到妹妹出嫁。妹妹自己都说，那是童年记忆里最奢侈的作品，也是最好的嫁妆。

时光更迭，人事易改，一切都向着幸福的方向发展。物质改变了我们的生活，却让我们也变得物质起来，消磨了生活的情趣。多年以后，我仍记得那些尴尬的日子，还有那些尴尬的日子里的火焰青春。

那是属于父亲和母亲的智慧，也是他们的浪漫。

如今，生活色彩斑斓，但是，在某些时刻，我们的心时不时地还会出现在暗夜，这时我们该怎么办？我觉得，不妨给自己备一管口红，当暗夜的幕布拉开时，我们就在这块大幕上留下鲜艳的唇印。

◎李丹崖

品质生活

关键词：生活 品质 舒服 踏实

一个朋友忽然问我："你最近做什么小茶点了？"我这才想起，厨房里满满当当放了一柜子的烘焙材料已经很久没用了。我回到家热血沸腾地一样一样往外拿。正坐在沙发上看电视的妈妈仰脸问："又瞎弄啥呢，你再吃就更胖了。"但我还是摆出一副我为人人的姿态，说："做给大家吃。"

冰箱里放着蛋挞坯子，我把它们拿出来跟摆饺子似的排好队放着，但突然忘了蛋挞液是怎么做的了。上网查。我翻出烘焙名人的微博，那些行家里手介绍得很仔细，但没有一条是针对我这种零起步人士的。查找科学依据的时间是漫长的，长到烤盘上的蛋挞坯子都开始流水了。我妈看了看，淡定从容地说："看看冰箱里有什么就放点什么吧。但有一点，如果不好吃，你也都得吃下去，不能浪费。"我打开冰箱，拿出鸡蛋、面粉、吉士粉，开始搅和。

烤箱的计时器叮咚一声，科学实验就算起头儿了。我先战战兢兢地"蒙20分钟"，之所以蒙，是因为我也不知道该烤多长时间。20分钟后，我妈先进了厨房，以她多年烙饼的经验断定："没熟！"随手就又转了10分钟的定时。

半个小时后，我用专业的防高温手套把蛋挞端了出来。一看颜色不对，正常的蛋挞一出烤箱，里面就跟盛着鸡蛋羹似的，金黄。我做的这个跟盛了碗稀饭似的，雪白。

在我的努力劝说下，在座的人每人拿了一个。整体评价很快出炉，大家异口同声地说："真恶心！"这时候我妈发话了："你把里面的鸡蛋都吃了，壳儿大家分分。下次别做了，可惜了鸡蛋。"我这样一个孝子贤孙，只得拿了空碗，把稀饭一样的鸡蛋液倒了进去，然后捏着鼻子，一勺一勺给自己灌怪味鸡蛋。

我顶讨厌那些鼓吹生活品质的字句了。那些有大把时间和闲情的人不是今天让大家自己做烘焙，就是明天让大家都去乡下田间拔菜，说那种日子才是有机的日子。

我去过绿色蔬菜大棚，说实话，跟我们老家施化肥的蔬菜大棚没啥区别，可身处城市边缘，人家就叫"绿色农庄"，是生态旅游的一部分。有一天我跟着一群热爱生活的人去了，一人领了一个塑料袋往大棚里一钻，果实累累就在眼前，摘吧！为了证明自己热爱绿色，有人一边嚼着刚摘的黄瓜一边继续弯腰干活，还不时有人激动欢呼："哎呀！真新鲜啊！"我想，欢呼的人一准儿没有农村亲戚或者严重缺少乡间生活经验。

不用说别人，其实我也一样，紧着往塑料袋里塞，就跟不要钱似的。可那些绿菜叶还没等我们开车回到市区，就已经蔫得像被揉烂的纸了，萝卜和黄瓜在这样一个生机盎然的季节，里面却都是糠的。

我决定不尝试"有品质的生活"了，熟悉的日子才是踏实的日子，舒服的生活才是最有品质的生活。

◎王小柔

老 马

关键词：年轻 洒脱 随性

老马的口头禅是："这都不是我想要的。"每次说完这句，都会被我劈头盖脸地狂骂一通。第一因为他好像压根儿不知道自己要什么；第二因为总会让人联想到电视剧《奋斗》里的陆涛——建筑系专业毕业一年接生父的工程赚了2000万，这小子居然说那不是他想要的，想起这种路数的人我就牙根痒痒。

老马这方面和陆涛有点像，总说这不是他想要的，那不是他想要的，甚至都抱怨成习惯了：去酒吧喝杯酒说不是他想要的，吃饭点个菜说不是他想要的，见个女网友还说不是他想要的……挺好看的女网友，你不要有人要啊，他居然给赶走了！

老马生于1987年，在我们这个朋友圈里算最小的。称呼他为老马，的确有些着急。但若叫他小马，他总爱扬扬自得地补一句："你忘了加个'哥'字儿！"看他故作姿态地叼起牙签，实在有辱我们这一代人年少时的英雄偶像。另外，在有些时候对一些事物的理解和看法上，老马很有想法，成熟又另类，基于此，往大了称呼也不为过。认识了些日子，也就这么叫开了。

老马背井离乡出来混生活的时间尚短。刚开始来北京，老马借宿在朋友处，在我这儿也住过一些日子。后来找到工作后开始自找住处。几经筛选，找了个合租，二房东是某艺术院校大三女生，见过几次，绝对貌美肤白腿长气质佳。老马的近水楼台又使得我们每次酒局都盛情邀请他出席，顺便假装轻描淡写地要他把合租女也带来凑热闹。但有过一两次后，他就再不把人家带出来了，于是我们一致认定肯定是有事儿了，却被老马一句话驳回："你们应该比我懂规矩啊，合租女和二房东是不能碰的，后患无穷啊。"这是历朝历代漂在外面的前辈们总结出来的经验教训，由我们传帮带给老马，想不到他竟然如此铭记于心。

有一点，老马和很多刚出来的年轻人一样——月光。对于攒钱没有概念，付完房租剩下的都吃喝穿了，导致后来他结束了我们梦寐以求的那种状态的合租生涯，转去租了间几百块钱一个月的地下室委身。一起吃饭时我们自然表达了各种冷嘲热讽，老马禁不住挤对，给我们算了笔账，佐证以他的收入不至于如此窘迫。而老马对于改变现状的解释更是让我们咬牙，他的意思就是：北漂成功的不都是从地下室开始的吗？那他也要如此，更何况所谓没吃过住地下室的苦中苦，以后怎么能当人上人呢？

一番话，让大家心悦诚服地给了他一顿暴打。

可能是和年轻有关，老马活得很随性，吃住都不挑，花钱也没数，就算搬到最省钱的地下室住，每个月依然攒不下钱，他自己也不知道钱都花哪儿去了。好在平时蛮仗义，不吝啬，对人也实诚，所以偶有捉襟见肘的时候，跟谁张嘴都能对付个三五百块，他发了薪水就还，没了再玩江湖救急，周而复始。

但久而久之，老马对这种生活厌倦了，上班又下班，饭局常喝酒，偶有女网友，老马跟我说："这都不是我想要的。"

我是真没想到他能像从合租搬到地下室一样那么果断，毫无征兆地做了决定，把工作说辞就辞了。事发后被我们这些亦哥亦友的臭骂一顿，毕竟刚出来漂没多久就能有个月薪四五千的工作，简直是美差。

但老马私下跟我说，他要去旅游。我着实是吃了一惊，问他有多少积蓄敢旅游，答曰一千多块钱。我就笑了，一千多块钱，那不叫旅游，叫逃难吧。但就在老马跟我说完这话的第三天，他就上了去南京的火车，给我打电话，说一切安好，也是晴天。我说你这点钱能折腾几天啊。老马说他在微博上发了启事留了电话，走到哪个城市，有热心网友就见个面吃一顿，能当免费导游更好，住的地方不奢求网友安排，有个破旅社之类的凑合一晚，实在不行，天气这么好，哪儿不能躺一晚？我说你这不是找虐吗。老马倒是笑呵呵，说出来玩住那么好干吗，能见识到以前没见过的就满分了啊。

道了保重挂了电话，诚实地说，我就开始等着看他的笑话，看他能坚持多久，甚至朋友们这边互相通气，开玩笑似的押宝赌他几天回来。结果是我们全都输得一塌糊涂，输给了被低估的老马的坚持，也输给了更被低估的网友的善良。老马的微博上开始不断更新他和各地网友合影的照片，以及他感谢的各地网友的ID。南京、苏州、杭州、舟山、宁波、厦门、深圳、广州、桂林、阳朔、昆明、丽江、贵阳、青岩、长沙……老马真的就那么一个城市一个城市地玩了下去，每到各地都和我通个气，聊聊各种耳濡目染、衣食住行，男网友多能喝，女网友多漂亮。

这边几个朋友一起喝酒时聊起老马的事，有些不忿，觉得这样不好，吃着白食软饭周游各地，不爷们儿。其实我真觉得这是一种不可避免的嫉妒。像老马这样到了一处有人小小资助的出行旅游，谁也没求着谁，你情我愿，算是合理。而我们的嫉妒在于，无论是老马年少轻狂也好，做事草率也罢，他做了我们一直想做却做不到的事情。谁不曾想过放下手中的一切，轻装出行只为轻松游乐？但种种束缚、种种欲望，总让我们有太多放不下的东西。而老马的这一趟出行，游历十几个城市的所见所闻，像结交新友，品各地小吃，领略风土人情，可能远比我们拼死拼活工作一年的收获要大，对人生更重要。况且，这一路还有很多漂亮的女网友……

跟老马通了电话，他说在武汉玩几天就准备回来了。说这话的时候，他已经出去旅游了近两个月。打电话给我的目的，除了汇报行程，还有让我先垫两个月地下室房租，把他的行李取出来暂时放我那儿。气得我喊了一句："有你的！"除了气恼他这种我行我素的缺心眼儿状态，也因为羡慕他这份拿得起放得下说不清是无知还是无畏的洒脱。

◎赖 宝

色彩的旋转和燃烧

关键词：大自然 色彩 春天 油菜花

除了月亮，找不到比油菜花更黄的颜色了。油菜花像一壶发酵过分的酒倒在方形的池里，让蝴蝶醉得飞不稳。油菜花盛开的地上没有向日葵，它融化了所有的黄色。

大自然知道绘画补色的道理，油菜花让天空更蓝，蓝得像漆，像没有一丝波纹的海。蓝天在油菜花的映衬下十分平静，让白云走路发不出一丝声音。

油菜花的色调让游客们兴奋，除了照相，他们不知还应该做些什么。如果没发明照相机，人在油菜花地里手脚都没地方放。他们不会像蝴蝶那样挑剔地翻飞，也不会像蜜蜂那样歌唱。人在油菜花地抚不平骚动的心，他们在油菜花前站着、蹲着、商量，除了照相还能做什么呢？人被油菜花感动了，说不出这种感动，只好照相。

人被色彩感动，验证了莫奈的信念：仅仅是色彩就可以感动人，线条并不重要。大脑神经学至今没有发现人被色彩感动的机理。粉色的杏花是冰雪消融之后的娇嫩，是大地回春的婴儿。这种粉让人眩晕，如超现实主义的云。人在粉色面前反应迟钝，被这么密的花瓣搅乱心思，为落在脏土上的花瓣惋惜，粉色让人不知所措。青草的绿令人感到安稳，草和庄稼如果不绿，大地仿佛成不了家园。绿色让泥土的褐色显出一点亮调子，露出泥土的生机。

色彩是大自然对人的恩泽之一。春天给人送来的希望首先是从色彩开始的。花所包含的活力不仅在于它的质地，更在于它鲜艳的色彩。人除了用粮食和水喂饱自己之外，还离不开色彩的哺育。白云的白、蓝天的蓝、青草的青是人的眼睛乃至心灵的粮食，色彩对于人生的意义无法代替。

油菜花的金黄相当于色彩的舞蹈。它在旋转、在燃烧，只是眼睛说不出这些感受，甘心做它的俘虏。人的目光当过大海的俘虏，当过白雪的俘虏，当过桃花的俘虏。一个饥饿者饱餐色彩，然后心安。

油菜典雅的黄花比红色还热烈，颜色从花上流淌遍地。它像大地的新娘。油菜花的金黄让人感到人类印染业、印刷业与画家手中的颜料虽鲜艳却没有生命力。

油菜花是大地的音乐，包括合唱与铜管乐齐奏。它喂饱了无数眼睛之后再用菜子榨油。到油菜花地徜徉，最羡慕那些昆虫。蜜蜂最值得做的事就是一头栽进油菜花里，半个月都不要出来。世上再也找不到比油菜花更好的宫殿了。

◎鲍尔吉·原野

草木有本心

关键词：草木 心 自然

喜欢一切的花草树木。

我以为，所有的草木，都长着一颗玲珑心，天真无邪，纯洁善良。

没有草木是丑陋的，如同青春美少女，不用梳妆打扮，一颦一笑，散发的都是年轻的气息，清新迷人，无可匹敌。

草木从不化妆，所以花红草绿，都是本色。

我们常说亲近自然，其实就是亲近草木。我们噼里啪啦跑过去，看见一棵几百年的老树要惊叫，看见满田的油菜花要惊叫，看见芳草茵茵要惊叫。草木却不惊不乍，活着它们本来的样子。

草木也从不背叛远离，你走，草木不走；你遗忘的，草木都给你记着呢。废弃的断壁残垣上，草在长。游子归家，昔日的村庄已经陌生，他找不到曾经的家了。一转身，却望见从前的那棵老槐树还长在河畔，还是满树的青绿，树桠上，依旧蹲着一个大大的喜鹊窝。天蓝云白，都是昔日啊。他的泪，在那一刻落下。走远的记忆，都走了回来，他童年的笑声仿佛还在树下回荡，叮叮当当，叮叮当当。感谢草木，让人的灵魂找到归宿。

每一株草都会说话，它说给大地听，说给昆虫听，说给露珠听，说给小鸟听，说给阳光听。季节的轮转，原是听了草的话——草绿，春来；草枯，冬至。

每一朵花都在微笑，一瓣一瓣，都是它笑的纹，眉睫飞扬。对着一朵花看久了，你会不自觉地微笑起来，心中再多的阴霾也消失殆尽。这世上，还有什么坎儿迈不过去呢？

笑也是一天，哭也是一天，不如向一朵花学习，笑着过日子。

新扩建的路旁，秋天移来一排樟树。可能是为了便于运输，所有的树一律给削去了头。

看过去，都光秃秃地站着，像断臂的人，叫人心疼。春天，那些树干顶上却冒出一枚一枚的绿来，像歇着一群翠绿的小鸟，唧唧喳喳，生机无限。

草木的顽强，人学不来。所以，我敬畏一切草木。

出门旅游，异乡的天空下，意外重逢一片蓝色的小花。那是一种叫“婆婆纳”的草，在我的故乡最常见。相隔千万里，它居然也来了。天地有多大，草木就走多远。海的胸怀、天空的胸怀，都不及草木的胸怀，它把所有有泥土的地方都当做故乡。

“草木有本心，何求美人折。”是啊，草木不伪不装，自然天成，大美不言。

◎丁立梅

择一城而终老

关键词：城市 选择 理想

看冯唐的《择一城而终老》，开篇首句：如果腰缠大把的时间，让我选择一个城市终老，这个城市一定要丰富。这爱过"见佛杀佛"嘴瘾的浪荡大叔选了北京，理由是这地方至少能让他思考，能让他混吃等死，且灵魂不太烦闷。这话挺吸引我，不是这股子北京调调的文艺劲儿，而是想到了自己和身边的人。

相恋6年的爱人和一份留在城市的工作你会选择哪个？我以一周三变的频率给提问者建议。这故事有点俗气，结局暂时开放。女孩是我的研究生同学，男孩是一个我素未谋面的县城语文老师，他们从大二开始相恋，感情稳定。现在女孩面临毕业，导师推荐她留在城市工作，她自己也想留下来，她说从小就生活在县城，不想再回去了。我支持她，人总是要往前走的。"留下来就得分手。"她跟我说。"分啊，你不是不想回去吗？"我没觉得这是个事儿很大程度上是因为它不是自己的事儿。"可是我想象的未来的生活里一定要有他呀。”同学严肃认真。“那就回去！”

我表现得很果敢。“可是我想象的未来是在这里发生的呀。”同学依旧严肃。“如果让你选择一个城市终老，你选哪儿？”我突然联想到了这个问题。“能实现理想和爱情的城市。”同学严肃惯了。“那是哪儿？如果让你腰缠大把的时间。”我继续追问。“目前不存在。我腰缠时间干吗，能让我缠点儿实际的吗？比如工作机会，比如钱。”同学的答案让我脑补了一下《让子弹飞》里面的葛优，腰缠数十个县的县长委任状。这同学目前还没办法择一城而终老，她腰里要缠的太多。

1954年，一趟从东北沈阳开往甘肃兰州的绿皮火车拉响了汽笛，这趟车拉了600多人，有干部、工人和家属。那个年代，往西往北走的火车大多是去支援建设，这趟火车也赶着时代大潮到西北去，到祖国需要的地方去，这里是兰州、金昌、酒泉、嘉峪关……“全是二十几岁的小伙子姑娘，人挤人就上了车，还没弄明白呢，迷迷糊糊就到了。”朋友的爷爷跟我说。我突然意识到这个84岁的老爷爷也二十几岁过，在跟我一般大的时候他被一辆烧煤的“铁老大”拉到了离家好远的地方，我感同身受了一下，不禁心里酸酸的，我问：“那会儿您认识奶奶了吗？”

爷爷说：“结婚了，跟你奶奶一块儿来的，大女儿刚出生不久。”我松了一口气，我能想象和承受的背井离乡是必须要有爱情的。后来的日子面目清晰，爷爷讲了吃苦受累，讲了日子的天翻地覆，讲了让他骄傲的儿子、孙子以及自己80岁以后的自行车技术。这城市选择了他们那一批人来这里终老，腰里什么都不用缠。

高中要好的同学留在了广州，因为广州一家公司收了她的简历；大学舍友留在了县里的中学，因为只有这里同时要两个老师；表哥毕业后留在了家乡，因为大舅身体不好；会拉二胡、会照相、会做木工的小舅留在了农村，因为家里有姥爷留下的果园需要他照看；我毕业后留在了兰州，因为我在这儿念了6年书后找到了喜欢的工作，尽管依然不认识路。

再看冯唐说“择一城而终老”，一下瞅见了“如果腰缠大把的时间”里的“如果”，而每个人的如果都不相同。

◎潘玉婷

清 欢

关键词：春天 田野 凤仙

(1)

春天来的时候，大地在一夜间换了新装。河边的白茅也绿了，唰的一下，探出尖尖的小脑袋来。

我们去拔茅针，那是春天馈赠给孩子的零食。茅针其实是白茅的嫩芽，形似针状，剥开来，里面是又白又嫩的瓤，丢进嘴里，水汪汪、甜滋滋的。

那时我尚不知，茅针是从遥远的《诗经》年代一路走过来的。“静女其娈，贻我彤管”。

春暖花开的时节，美丽的姑娘去见中意的小伙子，拿什么做礼物好呢？她踯躅半晌，最后聪明地拔了一把茅针。

小伙子当然心领神会，他收下茅针当珍宝——“匪女之为美，美人之贻”——不是你这茅针有多好啊，实则因为，这是我心爱的姑娘所赠送的。

民间的爱恋，原是这等的朴素甜蜜，野生野长着，却自有着它迷人的芳香。

我们挎着很大个儿的猪草篮子，奔向田野。

猪草篮子很快就被搁到一边去了，我们拔呀拔呀拔茅针。肚子吃得溜圆了，吃得不想再吃了，还是拔；把全身上下的衣兜都装满了，还是拔。可见，人生来就是贪的。那满地的茅针，哪里能拔得完呢！拔回家去，多半也被扔了。奶奶不许我们放着过夜，说吃了过夜的茅针会耳聋的。又说，茅针放在家里过夜，会引蛇来。

我偷偷试验过，把茅针藏在枕头底下，第二天吃了，却没有耳聋，也没有引蛇来。我很高兴。原来，大人的话也不能全信的。

（2）

我们种凤仙花，不是为了观赏，而是为了染指甲。

凤仙花好养，种子掉哪里，哪里就能长出一大片，你追我赶地长，一心一意地长。

我家屋后，每年都有成片成片的凤仙花冒出来，也无须特地播种。乡下的花少有特地播种的，风一吹，你家的花跑到我家来了，我家的花跑去你家了。也有鸟来帮忙，把花的种子衔着到处扔。有时，你在废弃的墙头上看见凤仙花，或是鸡冠花，或是一串红，你也可能在哪个沟渠里发现凤仙花的影子，不必惊讶，乡间的花原是长了脚的。

我家的凤仙花开的时候，真有些壮观，红的黄的白的紫的，像落了一地的小粉蝶，吵嚷得厉害。我们不懂赏花惜花，只管把那些花摘下来，捣碎，加上明矾，搁几个时辰，染指甲的原料就算制成了。

捣碎的凤仙花敷在我们的指甲上，上面包上黄豆叶子，用棉线紧紧缠绕着。一夜过去，手指甲准变得红艳艳的。

刚包好的手指甲沉甸甸的，偏偏有蚊子来叮，手却搔不了痒，急得双脚直跳，也舍不得弄脱缠好的指甲套。我奶奶或我妈，这时就会笑着来帮忙。

露水打湿了头发，夜已渐深，却迟迟不肯进屋去睡。小小的心里，也有了贪，希望这样的静好清欢，能够地久天长。

(3)

我姐没事的时候，喜欢打扮我。

衣裳就那几件，是没办法替换的。头发却可以随意摆弄。

我姐在我的头发上下了大功夫，要么把它们编成许多根小辫子，要么把它们卷起来。

家里土墙上贴着一幅仕女图，上面有女子云髻高挽，簪着菊花一朵朵。我姐突发奇想，要给我梳那样的发型。

菊花是不缺的，跑到屋后的河边，想采多少就有多少，想采什么颜色就有什么颜色。我们很快采了一大把，红黄橙白紫，五彩缤纷。

我姐照着墙上的画给我挽头发，在上面横七竖八插满野菊花。

我顶着这样的头发跑出去，从村子东头跑到西头，再从南边跑到北边。沿途无人不惊奇观望，笑道："瞧那小丫头的头！"

若干年后，我听到一首歌，歌里这样唱："醉人的笑容你有没有，大雁飞过菊花插满头。"我的眼泪一下子涌了出来，觉得那是在唱我的少年时代。

◎丁立梅

夏天的味道

关键词：夏天 雨水 栀子 竹席

雨水与栀子

梅雨季来临，接连几天，天色都阴着。晚上十点多，我们从环城公园那条路回家。雨刚停，还能听见水珠从树叶上跌落的声音，吧嗒吧嗒的，这儿一声，那儿一声，然后听见了鸟叫，很悠远的“哥哥、哥哥”，抑扬顿挫。

我问：“这是布谷鸟吧？”

“不，这是斑鸠。”

“斑鸠叫起来不是‘咕咕咕咕咕’？”

“下雨天斑鸠就会变声音了。”

他说，下雨天，两只斑鸠在窝里打架。窝太小，它们都怕被雨淋到，就抢地方。公的把母的赶走了，雨一停，又后悔了，就“哥哥、哥哥”地叫母的快回家。

好极品的鸟啊！有点冷，我把手挤进他衣服里取暖，那只斑鸠还在某处凄凄啼唤，没听见另一只的回应。到处是树叶和雨水交混的气味，带着草腥味，又很清冽。忽然又添了股栀子花香，好浓郁，却一晃而过，惹人尖起鼻子，狗一样在风里嗅，是路边花坛里的栀子花在开。那种园林栀子植株矮小，花朵纤瘦，香气倒照样饱满。

我想，这就是端午后的气味。“端午过了收棉衣”，夏天踢踢踏踏扬手舞脚就来了，所以也可说是夏天的气味。在我们南方，夏天是从雨水和栀子花开始的。

凉床与竹席

竹子的气味有点怪，带着日晒气、雨露气，还有点闷闷涩涩的，不够清新，但闻着心里稳妥。KENZO有一款叫“竹子”的香水，我特意去闻过，当然是两回事，仅取竹子内敛秀劲之意吧。但那种略带清甜的草木香我也喜欢，想过送给什么样的人好呢。我觉得男人身上有淡淡的烟草气或洗澡后残存的皂香就够了。

皖南多毛竹，是为贱物，日常器具多用竹编：竹椅、竹床、竹篮、竹筷子、竹笊篱……晾衣用竹竿，初砍来青绿，被阳光慢慢晒得褪色，最后变成微黄中泛白。有个关于晾衣竿的谜语，我一听就猜着了：“在家时山清水秀，嫁了人黄皮寡瘦，不提起来也罢，提起来泪水涟涟。”

所有竹制器物色泽最终都要变淡变旧的，还添上了手泽的温润如玉，唯有先天的气息还在，凑近了仍能清楚闻到。

夏天竹器最受欢迎，但小时不爱坐竹椅。小孩子屁股坐不牢，摇来动去，竹椅年代久了竹片间会有小空隙，不小心夹住臀肉，其痛锐不可当。

凉床最好。老凉床从屋里搬出来，放在空地上，越睡越觉得凉意浸透。仰头望着天空，才知道夜色确实如水，星星都像悬浮在水里，湿答答的。但年轻女人不要睡年头太久的老凉床，太寒凉，伤血脉，易得妇科病，这是我听长辈讲的。

我家的老凉床被我用大头针密密地在每道竹片上都刻了“千家诗”——那种光滑的触感太诱人搞破坏了。我趴在凉床上，每夜无聊便着手操作，针尖划破竹片，陈年毛竹的涩涩香气一下子喷涌出来，有种微妙的刺激。

我爸妈就在旁边摇着蒲扇扯闲天，明明看到了，居然也没制止我，现在想想，也是奇事一桩。

还有竹席，用篾片细细地交织编成，纹路细得让人很着迷，忍不住用手指一格一格去数，哪里数得过来。

我家好多年没用过竹器了。竹椅、凉床在几次搬家过程中丢失了，现在想买也买不到。

身体长期处于亚健康状态，竹席也不敢睡，一睡必腹痛。竹枕倒有两只，嫌硬，枕得脑袋疼——身体在多年懒惰中已经依赖于柔软。前几天在超市里见到了竹靠垫，其实就是普通布艺靠垫外面罩了个竹编的套子，但那颜色我一看就走不动了，正是深浅不匀的自然青竹色，似乎有凉风正吹过来。我立刻买了两只。

回来放在沙发上，怎么看怎么喜欢，虽然渐有点疑心那青色是染成的，又把鼻子贴上去闻了闻，竹子的气味似有似无，好生邈远。工业流水线上出来的东西就是这样叫人摸不透，都是奇怪难猜的谜语。

◎这　么

月老还有南瓜藤

南瓜藤特有的清香，在肉末浑厚香味的包围下，一种居家的、细水长流的味道从舌尖淌出来，我想起了“岁月静好”四个字。我想，这样的一生一世，也挺好。

人生自是有清欢，一点也不厚重：午夜醒来，听到小昆虫在叫；夏天的午后，紫色的桑葚盛在冰蓝色的碗里……小喜可欢。

摄影◎韩存娇

摄影◎刘鹏飞

人本质上都是孤独的，所有的相遇不过只是缘分一场，就像两列擦肩而过的火车，每个人都有各自的方向。

在这观景台上一边漫步一边赏景。风景一年四季变换着颜色，清新婉约、空阔的河面是这景上碧绿的留白。山不动，河水动桥不动，人在走……

摄影◎刘鹏飞

摄影◎刘鹏飞

一段艰苦的岁月可能永远是涩的，也有可能在某一瞬间变成甜的；隐藏在黑暗中的有可能是死气沉沉的高楼，也可能是一片城市的海洋。

没有历史的城市，也只能给街道随便取些名称，要么干脆就以别的城市名为路名，因为没有故事，没有历史，没有任何丰厚的底蕴馈赠给城市，所以城市新崭崭却空洞洞。

摄影◎刘鹏飞

每个人都有权选择自己想要的生活方式，不被干涉，不被随意评判，按照让自己舒服的节奏过日子，就很好。

摄影 © BIG BANG

我喜欢那站在远方旷野上的树，不管它们是冠如华盖，还是只有闪亮的枝丫光秃秃地刺向天空。

摄影 © BIG BANG

摄影◎汤津

花开在那里，只是开着，而我们有机缘看见一朵、一丛、一树，或者一地，惹眼或者不惹眼，可看见了，心思总要动一动，像是花的额外赏赐。

母女之间的谍战

关键词：青春 回忆 母女 成长

所有的青春，没什么不同，每一代的轨迹其实都有相似之处。只是隔着岁月的两端，我们觉得不一样了。

那是因为我们观察的角度变了。其实，爸爸妈妈的青春和孩子的没什么不一样。

故事提供者：陈洪敏（自由职业者）

讲述背景：由于对儿子的动态很好奇，时常通过儿子的微博和QQ空间了解他的行踪及想法，引起儿子的不满。儿子抗议说，如果老妈再在QQ空间里窜来窜去，就果断拉黑。于是，就有了对这段往事的回忆。

1987年，我16岁。这一年，我与母亲打了一年的"谍战"，虽然不像真正的谍报人员那样步步惊心，但在青春期那些刚刚开始把隐私作为个人尊严底线的年月，这些"斗争"也确实承载了我太多的喜怒哀乐，那些情绪，曾让我担惊受怕，甚至羞愤交加。直至我当了母亲，并有了与当年的我年龄相仿的儿子时，才稍有释怀。

受伤也是一种财富

十五六岁的少年与孩童时代相比有许多显著变化。我最大的变化就是不再向母亲提及自己的事情，无论是晚饭时在餐桌上还是临睡前与母亲的交谈。这两个时段曾是我与母亲交流和谈心的重要时间段。母亲是个特别重视与孩子沟通的人，也许是因为父亲早年离家出走对她的打击太大，她很不容易信任别人，这也造成了这样一个局面——我是她唯一一个倾诉者和倾听者。从我懂事开始，我家的饭桌前就绝不放电视或收音机，母亲说不让外面的信息干扰我们的生活，她把这种交流看得很重，在16岁之前，我也很享受母女间这种无话不聊、亲密无间的感觉。

有一天，无意间和母亲聊起有个男生常借书给我，还总在我需要帮助的时候恰到好处地伸出援手，让我觉得很贴心很感动，母亲没有像往常那样，顺着我的喜悦往下聊，而是有些神经质地让我不要和那个男孩交往，因为那些无微不至的关怀，包藏的是显而易见的祸心——男人用100天来讨好女孩子，女孩子要用一生来还这100天!

母亲显然是用自己的人生悲剧积累下的经验来看待我的生活，但我却不愿意自己对世界的看法，被她那冷漠的人生经验框在一个灰暗的世界里。一个从别人的善意举动中轻易看出不善甚至敌意的人是可悲的，也会丧失许多人生乐趣。对于一个刚刚踏入社会的全新生命来说，受伤，本身也是一种财富和经历，没有人能够代替，即使她是最爱你、最担心你的母亲，也不能代替你走完属于你自己的道路。

自从那次交谈，母亲急火攻心地让我不要再和那位男生交往之后，我和母亲聊天的内容，无论从质量还是数量，都大幅度下降。我不再是那个无论捡到一块橡皮还是得到一颗糖果都会急匆匆地向妈妈报喜的幼儿园小孩子，也不再是那个受了老师批评或没考赢同桌而向母亲诉说的小学生。我开始有了秘密，这秘密就是——对于那个男生献的殷勤，我有一种小小的喜悦和幸福感，因为他不仅长相帅气、举止潇洒，而且还不像别的小男生那样自以为是地装阳刚耍帅，故意对女生冷漠。他看我时，眉目间总有一种让我感到温暖和羞怯的神韵，伴随这种神韵到来的，是班上女生们沮丧和嫉妒的眼神。我承认，对这种被众人羡慕嫉妒恨的感觉，我有些小小的得意。

正因为如此，我不愿意履行对母亲的承诺，不再与他交往。而为了不让母亲知道，我对母亲的信息壁垒逐渐开始形成，并慢慢成为一个城堡，将自己那点小秘密严密地包裹起来。

母亲从我的静默中察觉出异样，在无数次貌似坦诚其实是希望我坦白的交谈中，她的询问都被我温柔地反弹了回去，她开始对我使用“秘密手段”。

最初，她使用的是最传统的盯梢和“突然降临法”，或偷偷跟着我看我上学路上干了些什么，或在放学路上假装偶遇突然出现在我身边。这些手段早在我上小学和初中时就用过了，也确实抓到过我乱买零食或和同学在街边踢毽子不按时回家之类的“违法行为”，但对于高中生来说这招实在没多大用处：一是因为她的招数太老套；二是因为像我这个年龄的女孩子，怎么可能在上学和放学路上有什么异常举动？能在大街上干的，还叫什么秘密？

跟了一段时间，母亲一无所获。这种结果只有两种可能，一是我确实没有什么秘密；二是我有秘密，但没有被她发现。她显然更相信后者，于是对我实施升级的侦察手段：在我身边安插“卧底”。

母亲的“卧底”是我的表妹雪茹，她以一件高领拉毛衫和每周2元钱的活动经费为代价，让雪茹留意我的动向和思想，看看我干没干什么不合规矩的事，特别是有没有不适合交往的朋友。雪茹与我在同一所学校读书，我们在一起的时间很多。

显然，母亲高估了她付出的酬劳的价值，低估了我与表妹10多年的交情。最重要的是，她不知道表妹需要向家长隐瞒的事情远比我的多N倍。她对我巴结讨好还来不及呢，怎么可能“自杀性”地去当密探惹我生气？所以，在母亲找她之后的10分钟内，我便知道了这一情况，并和她分享了用“线人费”买的冰棒。当然，为了让母亲不起疑心，我也允许她向母亲透露一些过时的“情报”，比如，我偷偷买了什么课外书，或用膏药补破袜子之类，让母亲心满意足地以为“一切尽在掌握中”。

这种情况持续没多久，母亲就感觉到不对味了。表妹给她的情报，与她需要的完全不对路，无论质和量都存在巨大的差别。于是，母亲开始从另外的渠道着手，开始偷偷翻看我的书包，查看我与同学的明信片，从上面的邮戳和地址推测信息，她甚至还无师自通地用开水壶的蒸汽配合刮胡刀片打开了我未拆的信件，看完之后原样封好，但这些做法除了让我们母女的不信任感增强之外，便再无别的用处。

反侦察

事实上，母亲所看到的小学和初中同学的来信，除了嘘寒问暖、小小的怀旧以及偶尔的为赋新词强说愁的青春感叹之外，便再无别的东西。但她将其作为挖掘我思想根源的一种依据，寻章摘句、浮想联翩、捕风捉影地构建出她想象的我的精神世界——令人担心，甚至不拯救立即就会遁入深渊。这当然是我所不认同的，我当时的感觉，就是她太杞人忧天。而且，从她在教育我时说漏嘴的只言片语中我感觉出她对我的偷窥，本能地生出一种反感。

为了确证她是否偷看了我的信，我用左手给自己写了一封信，邀请自己3天后放学去电影院看当时很火的电影《霹雳情》，并口沫横飞地描述那电影里有感人至深的爱情情节……

信寄出去之后第二天下午，母亲若无其事地把信交给我，说传达室送来的。我回到房间一查看，我特意做的几处记号，包括信封口上不起眼的蜡滴、信笺里包着的一根头发，和信笺对折处的一小滴胶水，都不翼而飞……

不出所料，在第二天，也就是信里约定去看电影当天的中午，母亲在饭桌上让我下午放学去姥姥家做作业，并语重心长地对我说："不是所有电影都适合青少年。"那一刻，我瞬间石化了，母亲的形象像一尊石膏雕像碎落一地。

之后很长一段时间，我和同学们通信，都选择了一种加密的方式，通常是一张信纸，正面抄一首无关痛痒的青春励志或朦胧诗，背面则用米汤写着我们要表达的真实内容，其实也无非就是哪个同学过生日，哪里有演出或谁又说了谁的坏话，谁被老爸老妈骂了之类的青春八卦，收信者只需要用棉签蘸点碘酒一涂，便可以清晰地显现出来。这样的通信方式，着实瞒了母亲很久，害得她不明就里，天天拿本朦胧诗在那里研读，险些成了一个诗人。

和母亲的谍战绝不仅限于这些，在很长一段时间里，我一直怀疑她是否偷看了我的日记，虽然我特意买了加锁的日记本，然后用一把结实的大锁将它锁在抽屉里，但我还是不放心，写日记写到我认为犯忌的重要内容时，仍忍不住要用拼音来写一大段话，或用英语，或用英语所对应的字母排序符号，有时甚至写上几句违心的哄母亲的话语。

多年后，当我们已无须为那些算不得什么秘密的"秘密"纠结时，我忍不住问老妈:“你坦白，当年有没有看过我的日记？”

母亲一扶老花镜，正色道:“你那些写满字母和数字的天书有啥好看的？我没看！”说完这话时，我们都笑得喘不过气来。

◎曾　颖

每一个爸爸都有一个木朵

关键词：父亲 女儿 速写 爱

天黑了。

3岁的小女孩木朵玩累了，终于沉沉睡去。她侧着脸，蜷着身子，把小脑袋深深埋在两个大枕头的夹缝中。爸爸又一次被打动了，拿出速写本子和画笔，飞快地描摹出一幅天真无邪、没心没肺的幼儿酣睡图。

在爸爸的微博“速写本子”里，这样的图片已接近一千幅。小小的木朵怎么也没法理解，正是因为自己自由而蓬勃的成长令爸爸成了一个不一样的爸爸，也令自己成为成人世界中一片最柔软的青草地。

一个父亲的心情

@速写本子：我有一个女儿，我一定好好爱她。这不是煽情，只是一个父亲的心情。

“速写本子”有一个非常大众化的名字：董余庆。他的长相比名字还要大众化：四方脸，小眼睛，长头发，有着北方男子的高大粗犷。而事实证明，男人的外表越粗犷，骨子里就有越多的细腻柔情。

速写本子是一名“70后”注册高级室内建筑师，画画只是业余爱好。当木朵还在娘胎里时，他便通过画笔对胎儿进行种种猜测：抱着电吉他的摇滚女孩、清纯乖巧的邻家小妹、手执画盘的文艺女生、玫瑰卷发的漂亮萝莉……注意哦，全是小女生！“我压根儿就没有想过男孩，”速写本子大大方方地承认，“我就是喜欢小女孩。”

终于，木朵出生了。单眼皮，白皮肤，嘟嘟脸，不是小萝莉，更不是完美无缺的芭比娃娃，却令一个父亲的畅想落到了实处。

从此，天下所有的女孩都变成“弱水三千”，只有木朵是父亲心中最深情的“一瓢饮”。

一月笑，二月抓，三月翻身，五月坐，六月爬……生命是如此的天经地义，却又如此不可思议。木朵的第一次微笑、第一次洗澡、第一次伸手抱抱、第一个亲亲、第一次摔跤、第一颗乳牙……所有的“第一次”都构成速写本子眼中最神奇的风景，令他迷恋不已，更令他初为人父的爱满得要溢出来。

2010年1月的某一天，木朵1岁4个月。速写本子突发奇想，信手画了一幅速写画并贴到微博中：小木朵与一个玩偶对坐，木朵被画得很小很小，玩偶则被画得很大很大。

网友们看到了纷纷叫好：“很萌很有趣。”

于是，速写本子便一张一张地画了下去，有木朵千姿百态的睡姿，也有成长过程中的点滴童趣。有时画得很快，10多分钟便可以搞定；有时画得很慢，如果需要上色，往往需要一两个钟头。从1岁4个月到现在3岁多，速写本子以每日一幅的频率已经为女儿画出近千幅画。

“坚持下来当然很不容易，”速写本子说，“网友们的鼓励当然很重要，不过当记录成为一种习惯，成为生活中的一部分，想不画都不容易。”四仰八叉地酣睡、与蜗牛一起玩游戏、玩爸爸的手机、钻进花瓶里藏猫猫……木朵自由无羁地成长，爸爸的速写本也一页页增厚。而速写本子怎么也没有想到，本来只是通过画笔为女儿做一个忠实的记录，然而这些或幽默、或搞怪、或轻松、或简洁的小画竟然蹿红网络，吸引了大批拥趸。张小娴来了，姚晨来了，殳俏也来了……速写本子俨然成为微博世界中“最有爱的父亲”。

每个孩子都是父母的老师

@速写本子：孩子在父母眼里永远是孩子，即使有一天你们会高过父母。但其实你们是更棒的老师，教会我们换个角度去看世界——当我们俯下身子跟你们说话，多用你们的视角看我们身边最熟悉的东西，结果大不一样。

网友说，有这样一个爸爸，木朵真幸福。

速写本子却说，有这样一个木朵，爸爸才更幸福。“每个孩子的到来都是父母的一场福气，因为我们在观察孩子、陪伴孩子成长的过程中，好像自己又完成了一场成长，发现了另一个世界。”

一个小屁孩能带给我们怎样的一个新世界？不过是一个翻身、一个凝视、一个阳光下满意的微笑、一场父母怀中美美的酣睡……然而，当这些最普通不过的小事通过画笔体现出来时，平淡无奇的生活突然焕发了哲学般的光彩，宁静而隽永，甚至具有某种治愈的能量。就好比一片树叶，每天傍晚去幼儿园接木朵回家，木朵总会送给速写本子一片树叶作为礼物。原来哪怕一片小小的树叶，也可以传递最郑重的心情。于是速写本子画下这个画面，并且写道："每天到幼儿园接木朵放学，她都会送给我一片树叶，说是给爸爸的礼物，这让我很感动，整个秋天一直感动着，不知不觉到了冬天，发现居然还有树叶送。好吧，我选择继续感动下去。"

还有一次，速写本子带木朵等妈妈下班，突然木朵要拉"臭臭"，情急之下他只好抱着女儿去了男厕所，小木朵居然懂得羞涩，连唱歌声音都变小了！事后，速写本子的微博上多出一幅木朵"嗯嗯"使劲的画面，旁边的文字是："刚才在妈妈单位楼下等妈妈下班，突然木朵要拉'臭臭'，我只能带她到男厕所，关上门她就开始一边唱歌一边'嗯嗯'，老大声的。突然，木朵停下来一本正经地问我：'爸爸，咱们是在男生厕所吧？'然后就开始小声唱……"

木朵的生日恰好在国庆长假期间，于是每次木朵过生日，一家三口的远行成为夫妻二人送给女儿最好的生日礼物。最近一次远行是去洛杉矶，逆着太阳飞行10多个小时之后到了洛杉矶，发现太阳仍然高悬天空。呵欠连天的木朵奇怪地问："爸爸，太阳公公失眠了吗？"

不过是一片树叶、一声"嗯嗯"、一缕阳光，在孩子的世界里却可以多姿多彩，奇妙无穷。而借着孩子的视角看世界，世界顿时由黑白变成了彩色。所以，与其说父母抚育了孩子，不如说孩子成就了父母，令我们以童真的视角再度爱上这个世界。

作为一名典型的"双子男"，速写本子坦承自己个性中的焦虑。尤其面对工作时，无穷无尽的图纸符号也会令他陷入烦躁倦怠中。每逢此时，为女儿画一幅速写便成为缓解工作压力最有效的良方。"很庆幸没有把画画当职业，因为只要是工作，总会有烦的一刻。可画画不会，尤其画我可爱的木朵，听到铅笔在纸上划动的声音，周围一切都安静了。"

屋顶动物园

@速写本子：自从给木朵画了屋顶动物园，我也学到了很多知识，譬如我就一直不知道乌贼是有10条腿的，一直以为跟章鱼一样是8条，看来有很多知识还要跟孩子一起学习。

最近，英国推出一部亲子剧《我家有个动物园》。

然而，3岁的木朵却得意地说："我家有一个'屋顶动物园'。"

如果你去木朵家参观，一定会惊讶于那个另类的天花板——14平方米的卧室天花板上，绝大部分位置已经被画满各种各样的动物，蔚为壮观。

天花板上曾经有一个窟窿，全家看惯了，谁也没有想到去修补。突然有一天，速写本子正在哄木朵睡觉，躺在床上的木朵指着天花板上的窟窿说："好像考拉的鼻子！"原来，一年前速写本子与妻子曾经带木朵去澳大利亚旅行，两岁的木朵亲手抱过考拉，记住了这个"爱睡觉的懒家伙"。

速写本子被逗乐了，他拿起马克笔沿着"鼻子"把考拉的身子补充完整。从此一发不可收拾，河马、大象、长颈鹿、狮子、恐龙……每天晚上睡觉前，速写本子不得不变身为米开朗琪罗，在木朵的要求下，在屋顶上画出各种各样的动物来。

"一开始一天只画一只她就满足了，现在越来越得寸进尺，有时一天要画上三五只。"

速写本子说。画画不成问题，难的是头脑中储备的动物早已经画完，为此，妈妈甚至买来一本适合儿童读的动物百科全书，夫妻两人一边学习，一边为女儿画出更多的动物。

"屋顶动物园"不仅满足了木朵，也令自己收获颇丰。比如恐龙到底有多少种？乌贼有几条腿？三叶虫是什么样子？在为女儿画画的同时，速写本子也“恶补”了一把动物知识。

其实需要恶补的何止动物知识？有关这个世界，我们成人需要补的知识还有多少？譬如清晨出门，你是否感受到那一缕阳光的温度？步履匆匆的你是否注意到银杏叶已经挂满枝头？秋天到了，你是否会捡起一片落叶当礼物……

回到孩子身边，用心爱，你会发现，原来每一个爸爸都有一个木朵，原来每一个木朵都正在带给爸爸一个新世界。

◎王莹莹

老爸的生财之道

关键词：老爸 挣钱 买菜 扒树皮

卖 菜

一开始，我爸对我们姐弟俩的学习毫不上心，他老早就把我们安排妥了。我嘛，长大了顶替他进纺织厂做个挡车工；我弟弟在村里做个小木匠，一样前途光明。

我小学时整天玩得昏天黑地，逃课是常有的事情；我弟弟呢，整天浑浑噩噩，上了课等于白上，老师给他贴了个“弱智”的标签。

小学最后一年，我忽然人品爆发，以第一名的成绩毕业。两三年后，我弟弟也智力开化，变成了优等生。我爸开始犯愁了。

照理，他应该乐开花才是。切！想得太简单了。要继续读书，难道不要钱？而且越往上念，钱花得越多。于是，如何挣钱，如何挣更多的钱，成了他每天琢磨的头等大事。

他听镇上的同事说，冬天时蔬菜很贵很好卖，便让我妈辟出几分地来，让他种菠菜。平时种菜的事情他都没管过，这次亲自撒完种子后，隔几天就去查看。这菠菜种子是个慢性子，迟迟不发芽，我爸急了，以为买了假种子，便又去镇上买了一包，细细撒上。

忽然有一天，这些迟钝的种子终于开悟了，争先恐后地要发芽，可是长得太密影响生长，我爸就每天去地里摘掉一点。菠菜能量大爆发，天天不断地挤出新芽。我爸小声嘀咕："哎呀，看来补种得太早了，种子是好的，就是发晚了。"我妈在一边说道："啊？你又撒了一遍种子？我看着不出芽，到大姐那儿要了一点种子，也撒了一次啊！"唉……这两人，就几分地撒了三遍种子，真是不计成本。

后来几天，我家天天吃菠菜，吃得我和弟弟小脸都绿了。要说，这嫩菠菜真好吃，只是一大篮子只炒出一小碗，把我爸看得心疼死了。

最终，菠菜们没让他失望，没多久，就长得周正漂亮。我爸挑了个良辰吉日，清早5时，用他的凤凰牌自行车装了两竹筐捆扎整齐的菠菜来到了菜市场门口。在一堆大爷大妈的吆喝声里，我爸觉得嗓子发干，脸发烫，迟迟开不了金口。眼见天越来越亮，买菜的人越来越少，上班的人越来越多，一旁卖菜的人也渐渐散去，他终于憋足了劲努力喊了两声，也没人搭理。他只好把自行车推到马路边上，希望路过的人能留意。终于有人远远地过来，我爸心头一喜，没想到，那人走过来就拍他肩膀："师傅，你怎么在卖菜啊？"

我爸定睛一看，原来是他们厂机修车间的同事！我爸更是面红耳赤，忙搓手道："啊……不卖，不卖，家里菠菜种多了，拿到厂里让大家分分。来，你自己拿，自己拿……"那同事很实诚，拿了两捆就走，并四处散播我爸送菜的消息，两筐菜没到上班时间就瓜分完了。

下班回到家，没等我妈开口，我爸便豪气万丈地说：“我们家的菠菜长得太好了，同事看到了都想要啊。不就是点菠菜，我就送给他们了。”我妈看着他干瞪眼。我爸搔搔头皮又道：“也没有白吃啊，中午他们请我喝了顿老酒。”种菠菜发财的事情，就这么轻率地结束了！后来吃不完的菠菜，都被我妈送了亲戚，她想：“与其让你送同事，不如送亲戚了！”

这个冬天就这么蹉跎着过去了。老爸没有气馁，到了春天，他又有了赚钱新规划：种西瓜！冬天赚不到钱，就赚夏天的钱！

种瓜

鉴于上次的不成功案例，我妈有点犹豫，我爸便开导她，西瓜不用自己去卖，直接转给小贩，虽然少赚点，但省力啊，一亩地赚个1000块是毛毛雨啊！我那没见过世面的老妈被说动了，立刻批了两亩地给我爸种西瓜。两人忙了一个春天，到了初夏，西瓜地里生机勃勃，西瓜藤打着毛茸茸的小卷满地飞爬。老爸每天下了班就跑到西瓜地，晚上回来，边喝老酒边给我们展望大西瓜的丰收景象。我和弟弟苦苦央求他，不要把西瓜卖光，一定得留最大的给我们，他一再让步，最后总算答应可以留20个大西瓜。

好景不长，到西瓜开花结果的时节，下雨了，这雨一下就不肯停。眼看着西瓜花一朵一朵地灭了，刚结的果也慢慢地烂了，我爸妈急了，恨不能成天撑把大雨伞把西瓜地给挡住。当时没有大棚技术啊，种瓜只能看天。好不容易雨停了，又连着数天热辣辣的毒日头，没被雨浇坏的西瓜也被彻底晒蔫了。我妈开始嘀咕了，我爸继续发扬他在困难面前大无畏的精神：“大不了不卖了，就当给小囡们种点零食！”有给孩子种两亩地零食的吗？

到了收瓜时，我爸果然没食言，把最大的瓜都给了我们。就算如此，他还是兑现不了当初的诺言，因为像样的大西瓜只有11个！对，你没看错，2亩地只种出了11个大西瓜！收的西瓜倒是堆了半屋子，但全像小朋友玩的小皮球，而且一半还是生的。

当然，这也客观上解决了我和弟弟整个暑假的零食。每天饭后，我们必去储藏室抱几个西瓜出来，偶尔能开到个红瓤的——白瓤的扔进猪圈喂猪。吃到后来，猪也吃聪明了，只吃红瓤的瓜，纯白瓤的还不吃了！从此，我妈一提起种瓜的事情，就说我爸："你种的瓜，猪都不吃！"

扒树皮

到了秋天，村子边的大河里开始热闹了起来，运送木料的船开始从北方过来，一般是打头一条大船，五六根圆滚滚的木料用铁丝绳扎成一张木排，一排接一排地连在船后，足有500多米长。

有时候船上的人需要买点日用品，或是船坏了，木排船就会就近停靠休息几天。

附近的孩子最喜欢跳上木排玩，也不知道哪个机灵鬼发现，把木排上的树皮剥下来，可以当柴火烧，而且还是上好的柴火，火猛，灰少。这一秘密被快速地传到了主妇们的耳朵里，于是跳上木排扒树皮，成了主妇们的日常劳动。当时每家每户的门前都有一个柴火垛，全是厚厚的树皮。这样的景观，又引起了生意人的注意，这生意人就是附近小砖窑的老板，他马上以最低的价格来收购这些树皮。主妇们原本只想解决一下柴火问题，没想到还能赚钱，都兴奋起来，催着家里的男主人也加入扒树皮的行列。男人们做事就是不一样，他们先研发了扒树皮的专用工具，然后发现光等着木排停靠收益太不稳定，于是三五成群地组成一个个小队，开着水泥机船，跟着木排船前进，一般一晚上下来，就能运一船树皮回家，当天就能换成现金。

当然，我那日思夜想要发财的老爸也开始行动了。他带着几个亲戚家的男人，借了条小水泥船，带着一篮子白饭、一包咸菜就出发了。

按理，第二天早上我爸铁定可以回家了，可是，快吃午饭了，还迟迟不见人影。我妈急了，满村子转也没打听到一点消息，最后仔细观察大河方向是不是有人过来。我站了大半天，到了正午时分，才看到我爸蓬头垢面，赤着脚远远奔过来。

我爸一到家，先盛了一大碗饭吃进肚子，才和我妈说："船沉了，已经叫了打捞船，人全在。"说完还没来得及换下脏衣服，便倒头上床呼呼大睡，剩下我妈和我大眼瞪小眼，一时还转不过弯来。

事后，我们才知道，我爸他们趁着夜色扒树皮，一路进展顺利，收获颇丰，但谁也没有注意到船吃水已经很深了。等他们收了工，坐下来休息吃饭时，一个浪头打进船舱，船瞬间往下沉。我爸正盛饭呢，一看形势不妙，脱下鞋就往河里跳。同去的几个也是水性极好的，一起弃船游上了岸。然而，当时正是半夜，前不着村，后不着店，几个人只得跑到最近的村子里找人帮忙。要说那时候真是民风淳朴啊，敲开第一家村民的门，人家就义不容辞地帮着去叫打捞船，又留出房间给我爸他们休息，马上做饭给大家吃。我爸心里惦记着家里，饭也没吃，沿江徒步数小时回家报信。

这次真是损失巨大，不仅赔钱，还差点殃及性命。我妈开始极力反对我爸那些天马行空的发财计划。从此，好长一段时间，我爸再没提过他的新设想。

当然，像所有故事中说的那样，主人公历经艰险，终于达成夙愿。我爸最后还是找到了发财妙方，那就是养猪！后来他养了两头极能生产的英雄母猪，还曾经养过两只智商超群的无厘头小猪……靠着这些猪们的贡献，我和我弟顺利完成了学业。

◎阮备娟

奶奶的私房钱

关键词：奶奶 私房钱 压岁钱

90岁的奶奶应该有20多年没有花过一分钱了，但她有私房钱。

姑姑对我说，奶奶抱怨过孙子们挣钱后都给过她钱，就我吝啬，一分钱都没给过她。

冤枉啊！我知道奶奶一点花钱的地方都没有，给她钱没有任何意义，每次回家，我都给奶奶大包小包地买东西，奶奶怎么这么财迷啊！

不过，既然奶奶说了，我当然要给钱了。我问姑姑："给100少不少？"姑姑说："少什么啊，给1块和100块对你奶奶来说是一样的，她哪知道现在的钱是个什么概念啊！"

我一想也是，就掏了一张100的。姑姑说："给两张50的吧，显得多一点。如果你有1块的，厚厚的一沓，奶奶会更高兴的。"可惜我没有。

我把两张50的票子递给奶奶，奶奶高兴得满脸的皱纹都舒展开了。姑姑跟奶奶开玩笑："孙女给了你多少钱啊？"奶奶眼睛盯着、手里摩挲着两张崭新的50元，笑呵呵地说："孙女给了我两个5块啊。"我觉得更冤了，对奶奶解释道："怎么会是两个5块啊？我给了100块呢。"

奶奶又仔细地看了看手里的钱，抬起头来一脸明白地说："骗我呢，100块钱得多厚一摞啊。要么是两个10块？"唉，奶奶压根儿不知道早就有了50、100的人民币了。

一次回家，奶奶气愤地拉着我告状："不得了了，你爸打麻将输了很多钱，把我的钱都偷走了。"

我觉得好笑。为了消磨时间，爸有时跟门口的几个老头儿、老太太打一毛、两毛的麻将，就是场场输，又能有多少钱？

我就跟奶奶开玩笑："我爸偷了您多少钱？"

奶奶说："我不知道啊，我要能知道就好了。

以前我的钱是厚厚的一沓，现在摸起来薄了，肯定是你爸偷走了。"

"你问过我爸吗？"

"没有。平时家里就我和他两个人，不是他拿的，还能有谁？那么大个人，我要一问，他的脸往哪儿搁？再说，我也问不出口。"

"您攒钱干什么？带到棺材里吗？还不是给儿子攒的？拿了就拿了吧。"

"那不行。他那是赌博，要败家的。"

"那我去问我爸，让他还给您。"

"不要说是我说的。"她叮嘱我。我笑着点点头。

回头一问我爸，还果然是。爸打麻将需要零钱，知道奶奶的手绢里包了很多零钱，就给她换成了整的。奶奶的钱不但没少，爸还给她凑了一个整数呢。但要让奶奶相信这一点，那是比登天还难啊。

弟弟买房时，我们一起帮弟弟凑钱交首付。

奶奶在旁边听着我们说话，没有吭气。

过了一会儿，奶奶神秘地把弟弟叫到她的房间。人老了就像个小孩，我们都觉得好笑。

好半天，弟弟才出来，脸上是一副哭笑不得的表情。奶奶跟在后边，很是欣慰。

背过奶奶，弟弟忍不住向我们如实进行了汇报。他从口袋里掏出一把钱，说是奶奶给他买房子的。我们一看，笑得前仰后合。

这把钱可以算是老古董了，但全是新崭崭的，有一沓一毛钱的、一沓两毛钱的。这一定是上个世纪七八十年代过年的时候，爸爸给奶奶准备的给孩子们发的压岁钱——那个时候的压岁钱也就一毛两毛的。除了压岁钱外，还有些是我们给奶奶的零花钱，加起来一共是八百八十三块四毛钱。

原来爸爸换的钱只是奶奶一个手绢包里的，为了保险，奶奶竟然把她的私房钱分藏了好几处。

奶奶觉得这是一笔巨款，能帮弟弟买房子。

她叮嘱弟弟千万别告诉我们，因为她把自己的箱底全部都给弟弟了，怕我们有意见。

这些钱对弟弟要买的房子来说，连杯水车薪都算不上。不过，我还是发现了这笔钱的潜在用途：都是老版的人民币啊，还是连号的，有收藏价值。我就和弟弟开玩笑："这笔钱你一定要收藏好，将来升值后可要分一些给我们。"

家有一老，可真是一宝啊！

◎清　涓

为人父母，各有各的不放手

关键词：女儿 考试 舞蹈

昨天我家珠珠宝贝考级，家里没人当回事。在我这种没文艺细胞的妈眼里，跳舞等于蹦蹦跳跳外加顺便消食，考级等于随大溜外加顺便消食。就我姑娘那小吃货，当舞蹈家会丢掉人生的至高乐趣的，所以我们积极参与的目的就是路上顺便买份锅包肉。嘘，千万别让她老师听到。

结果推开艺术学院的门，差点被扑面而来的声浪吓死。除了没人举着个钢琴，各种小提琴、电子琴、小号、圆号、萨克斯、黑管满走廊晃，学舞蹈的孩子们在劈叉空翻，学声乐的忙着吊嗓子。

老师迅速集合了她们班的小孩，拿着准考证，一个追着一个往考场走。

但是，工作人员拦下了所有家长："是孩子考试，又不是你们考，别跟去添乱。"

怎么是添乱呢？一帮爹娘险些落泪，我们得跟去换衣服（或拿乐器或加油或录像）啊！

“我家孩子才4岁，被吓到怎么办？”当妈的说，“天啊，他要是尿了裤子我可没带换的！”

“唉，我家孩子都进去一个小时了。”当爸的也崩溃了，“不会走丢了吧？”

“很可能啊，拐孩子那事你知道吧？咱家孩子要也被人剃了头塞进厕所可咋整？”

“让我们上去吧，就看一眼！”家长们哀求着，看工作人员的目光跟看阶级敌人差不多。

“就考个级，谁有闲心拐你们的孩子啊！”

工作人员冤枉死了，“讲点秩序行吗？”

刚巧有个七八岁的小男孩下了楼，被抢孩子的架势吓了一跳。他爸在人群里一蹦三尺高：“儿啊，爸爸在这儿！爸爸在这儿！”

小男孩很尴尬：“爸，我看见你了，你别喊了。我考得还行，回家吧。”

“好好好。”奔四的大男子汉拉着小男子汉的手，好像十年八年没见过他儿子似的，都哽咽难言了，“咱回家。”

“看看！我说丢不了吧？”工作人员叉腰训人，“你们当家长的，都瞎想什么呢，安心等着吧。”

他其实不明白，不管多神勇的父母，孩子的事是放不了手的。

当年我表妹结婚，她那神勇的爹说完普通话接着说英语，作为女方代表秒杀全场，可下了台就没影了。

我找了他好久，终于在报刊架子后面发现了他。

当爹的把西服当成毛巾，蒙在脸上哭得一塌糊涂，估计是怕误了女儿敬酒的时间，一边哭还一边看表。

最后，他摇摇晃晃地站起来，哭着点了支烟，还被服务员劝止了……

我默默地回了座位，跟姐和姐夫说舅舍不得表妹呢，唉，真是可怜。

我姐夫看了一眼自家粉粉嫩嫩的小女娃，冷冷说道："将来谁想带我姑娘走，我先灭了他！"

"乱讲什么？"我姐怒了。

可我觉得，这是我姐夫讲得最帅的一句话。

为人父母，各有各的不放手。

当他们变得神经兮兮，唠唠叨叨，或者又啰唆又敏感，不必说，准是那种叫做"爱"的东西在挥发呢。

◎申　姜

月老还有南瓜藤

关键词：相亲 南瓜藤 结婚

饮食男女永远将吃当作头等大事。且看社交网络，“朋友圈”里常有食物靓照，无论何时何地，都能勾起人们的口腹之欲；微博上流传着“问君能有几多愁，孜然铁板烧肥牛；天若有情天亦老，俩大腰子用火烤”之类的美食段子，笑过之后更觉腹中空空，咂咂嘴，吞上几口口水，记忆便开了闸。

食物是深藏着记忆的：舌尖的甜蜜滋味是爱情降临时的一碗肉末南瓜藤，记录月老牵过的红线和细水长流的幸福；儿时深恶痛绝的豆面抿尖儿，在时光的流转中，被战胜，被接受，这是胃的记忆对食物味道的修正；拯救海外留学生于水火之中的平民美食，就像冬日海边洒满阳光的沙滩，回想起来总觉温暖；而那些校园时代的果腹之物，不见得美味无敌，却永远承载青春的味道和最好的时光……

每一份回忆都有独特的味道，每一种味道都有属于自己的回忆。

岁末年初，一年的疼痛辛劳都因一顿团圆饭而被治愈，食物背后的记忆仍在延续。在这里我们为你奉上一组与美食记忆有关的故事，满足你的精神味蕾，也为你送上新春的祝福——愿未来的日子，有滋有味。

一碗清香的肉末南瓜藤，如何“误”了终身?

那年略冷的秋末，我又被母亲唤回了家，自然又是为相亲。

这天天气倒好，天空阔绰地倾倒着阳光。一场郁闷的相亲结束后，为避免浪费好阳光，我决定出去走走。

我们村的田地边有一处高崖，崖下有几束溪流，溪水过处，有圆圆的鹅卵石，鹅卵石下面，住着大大小小的螃蟹。溪水两边的田野里，有各式野菜和野果。我悠然地坐在岩石上，看崖壁上顽强生长的树和溪水两边未落尽的野果。一簇无人收留的南瓜藤就这样闯入我的眼中。

南瓜藤在我们邵阳是可以吃的，经年在外的邵阳人想起南瓜藤便会想到家。邵阳人的南瓜藤很家常，属于细水长流的日子。

秋末，南瓜藤大多已不见踪迹，而这簇南瓜藤，也许是沾了溪水的气息，也许是阴凉的庇护，异常青绿。

我心一动，它便成了我的猎取目标。全部拔下来后，我擦了擦汗水，心情极好。这时，有人悠然地吹了声口哨。

我回过头去，一个青年男子坐在我刚坐过的岩石上，看着我，笑道:“看了你一个下午了。”

“你怎么在这儿啊?”我问。他家就在山的另一边，出现在这里，其实也不奇怪。

他说:“相亲失败，出来走一走，散心。”

我乐了。

上午这场相亲的男主角就是他。见面的时候，我一直玩手机，不说话。他也很矜持，没有半点想打扰我的意思，我们一开始就这么有默契。两人被关在一间屋子里，如火车上两个互不相干的陌生人。无疑，这场相亲在媒人和亲人们的失望中宣告了失败，两人不欢而散，各回各家。

他走了过来，把南瓜藤拖到了岩石上，拍了拍身边的岩石，说："过来，坐这里，我们俩一起剥。"

我走过去，坐在他的身边。他不慌不忙地扯过南瓜藤，去叶，折成一段段，再把南瓜藤稍稍弄了个弧度，揭开起端的藤皮，干净利落地剥了下来，水淋淋的青色藤肉就露出来，他又把南瓜藤肉撕成细细的丝状。剥南瓜藤是有技巧的，否则总会留下细小的皮，影响口感。他这种有技巧的利落手法，通常是高手才能干得出来，比如我母亲、我奶奶。

我惊奇地看着他纯熟的动作。天边的日头迅速地向山头靠拢，时光如同泉水匆匆逝去。

他说："这地方好，适合谈恋爱。"

我倏地抬头看他的眼，此时太阳已经落在了山头。他说："走吧。"

我茫然地问："去哪儿？"

他看了看我，笑了，说："去你家，或者我家。"

我想了想，脸红了，说："那去我家吧。"

回到我家，母亲惊奇地看着我们俩。他喊了声"婶"，就拐进了厨房，留下我嗫嚅解释："我……我在崖下碰到他，请他来替我炒南瓜藤……"这理由怎么听都显得很牵强，好在母亲不太在意我的解释。我慌慌地进了厨房，他却气定神闲地开始洗菜切菜，仿佛这就是他家。南瓜藤在他的刀下，瞬间变成细细的碎末。切完后，他盛出一碗，把剩下的南瓜藤碎末撒上盐腌了，放进坛子里。他回过头对我说："过年回来，你还可以吃。"

是不是会做饭的男人都很性感？他的头发映射着柴火的火光，头发下的侧面轮廓非常立体。这是一张帅气英俊的脸庞，我想。

他突然转过头来，盯着我说："干吗？"我的目光躲也不是，迎也不是，我干脆厚着脸皮，悄悄地笑嘻嘻地说："你很性感。"

他笑了，没有说话，转过脸去。

很快，一碗肉末炒南瓜藤在他的手里麻利出锅。我伸出手指，拈出一撮，放进口里，南瓜藤特有的清香，在肉末浑厚香味的包围下，一种居家的、细水长流的味道从舌尖淌出来，我想起了"岁月静好"四个字。我想，这样的一生一世，也挺好。

第二天，他便带了"茶钱"过来，我们在媒人和亲戚惊奇的目光中完成"茶钱"仪式，定了亲。几个月后，我们结了婚，过起了细水长流的日子。

真正是一碗南瓜藤"误"了终身。

◎黎继新

放下那块萨其马

关键词：姥姥 零食 亲情

1

我姥姥83岁，属羊，山东人。

小时候我觉得她超牛，在她面前我从来都是噤声听她训话。最近几年我学了门名叫“人类学”的学问，吃的是研究人的这口饭，就开始洋洋得意地向她宣传我对世人的看法，可几乎每次都觉得还是她说的更对。

最近一次，跟她聊我的一位熟人，依我看，此人不卑不亢，对老板和实习生都一样有礼有分寸，堪称好个性。但姥姥表示，这不叫个性好，也未必是人好，兴许是脑子好——哪个实习生未来能发达，哪个眼歪嘴斜的老板以后碰巧落难，这事都难说。

像我姥姥这样，从每天都是政治斗争的日子里活过来的升斗小民，多少都有这种敏感吧。很难说平时沉默无比的同事，哪天就上了青云顶，谁又知道自己哪天不会被扫大街的老头儿递的一杯热水所救？非得对谁都不卑不亢才行。

2

依我看，姥姥这种生活观念是以命运难测为出发点的一种实用主义。她是我认识的人里，仅有的一个几乎毫无负罪感的人。她能看到错误和不幸，但坚决只归因于偶然、环境、命运。所以她有时犯傻，但从不软弱，凡表现出来的软弱都不太诚实。她从不自我谴责，光伤心不绝望，遇到困难时，她或闹，或埋怨，或插刀，或说瞎话，或埋伏好等待还击。

从实用主义到行动主义，其间的距离短极了，姥姥欢欢喜喜地成了个坚决的行动派。她见佛就拜，见鬼插刀，认为面对事情只要应付处理就是了，没什么好怕的。有回我告诉她，我在工作中碰到了需要对付的坏人，她不屑地表示："那些人应该都挺弱的吧？"我心想，你可能没想到你外孙女比谁都弱。

2001年到2003年，两年间，我舅舅和姥爷被诊断出患有同一种癌症，意外而迅速地先后去世。那时我还小，近几年才逐渐能从女性的角度去体会姥姥那几年间的处境：她唯一的儿子40多岁就骤然早逝，丈夫也一同离开，长时间的忙碌奔波让暂时悬置的伤痛在第二场葬礼后爆发，留下的是真空也是黑洞。

姥姥很悲痛，她觉得自己再这样悲痛可能要活不下去了，此事需要有效率地解决。于是，她把目力所及的主要合法宗教全部考察了一遍，最后信了喇嘛教，从此家里终日是酥油茶的芬芳。

信了宗教就得参加宗教活动。她同一帮老太太一起去了尼泊尔，本来是要拜法王，参加寺庙活动，她去了一看，忒脏，算了，不拜了，只买了一箱子唐卡、经幡、香炉回来，俨然海外室内装潢之旅。大家说要抄经，她抄了一下，觉得对眼睛不太好，没经过心理斗争，轻轻松松就放弃了。

3

我管姥姥这种态度叫选择派生活。基本方针是挑着过，对那些无法视而不见的困难在战略上重视，而在战术上若无其事地绕过。譬如姥姥80岁以后开始耳背，我大姨和我妈都向我反映了这个现象："我们说话她都听不见了，看电视好像还听得清，可能电视音效好。"

但给姥姥打电话时，我判断此人听力甚为敏锐，反应甚为敏捷。

过段时间，那些妇女都发现了："她是想听就听得见，不想听就听不见。"但凡说她坏话，她隔一个房间都能听见，但那些妇女们问她"妈，您听见了吗"这种问题，她就木然以对，坚决听不见。

我想那我去正面质询一下吧，就问她："是真听不见，还是假听不见啊？"

姥姥不屑地说："她们说话没什么好听的。

你大姨净说狗，你妈净说瑜伽。"

"那我小姨呢？"

"你小姨净胡说。"

实用主义者当然不爱假客气，我跟姥姥说："你最漂亮了。"

她说："哪里哪里，老毛猴儿。"

电话里我告诉她，我养的猫特依恋我，假如我关了房门，出来时它必定趴在门口等我。

姥姥镇定地表示："老鼠要是进洞了，猫都趴在洞口守着。"

4

说来有点特别，我对姥姥的感情更近于欣赏。这并不是因为她照顾过我，我感其恩德要日后相报的那种感情，而是庆幸血缘给了我认识这个人的机会。失败和犯浑的时候，我常想她会怎么做。谈恋爱谈到投入时，我往往会有放下工作跑去给对方做饭的冲动，每当这时心里就一激灵，想起姥姥的行事，希望自己能像这个"30后"女人那样，话说清楚，不让不忍，把自己的欲望和权益都照顾好，先哄高兴了自己再去照看别人。

姥姥爱吃零食，尤其爱吃甜的。困难年代，姥姥的话梅糖、蛋糕之类甜点供应不足，真痛苦。幸亏这时老天开眼，她喜获肝炎，有资格买病号点心吃。她每次讲起这个意外的肝炎事件，都一副"好人终究有好报"的神气。

她把那些点心藏在柜子顶上。20世纪50年代末，我大舅还是个小不点儿，趁姥姥上班，踩凳子上柜顶偷点心。姥姥下班急着回家吃零食，进门正撞上这一幕！这边她欲冲而夺之，那边大舅发现露馅儿了，干脆站在凳子上不下来，胳膊跟吸盘似的扒住柜顶，把脚踮成筷子状，高举胳膊，吃上一口算一口，赶在姥姥抢走之前把已经拿到手里的点心塞进嘴里。据说姥姥站在地上，牢牢抱住大舅的腿，怎么拽也拽不下来，她眼看点心进了儿子的嘴，一声哀吼："放下我的萨其马！"

吃是吃上了，可大舅因此挨了一顿揍，他愤恨地表示："妈，我总有一天会长大的。"

后来姥姥年事未高就得了糖尿病。拿到病理报告那天，她下班垂头丧气地回来了。那时在家里帮忙的小阿姨叫燕子，是个十七八岁的小姑娘，我叫她燕子姐姐。姥姥在餐桌前坐定，手按心窝顺气，缓了好一会儿，下定决心，把燕子姐姐叫过来，悲恸道："零食都是你的了。"

5

我也爱吃甜的，水果、点心、奶油蛋糕当饭。有一年跟一个男生谈恋爱，时日不巧，刚开谈一个月，该男生因事远行，转年才能回来。告别时他特别忧虑："我回来的时候，估计你已经得糖尿病住院了。"

去年姥姥来美国看我，我早早计划好带她去一个甜品店吃她喜欢的意式冰激凌。周日傍晚，街上人少，橱窗外的人都慢慢走着。我们在一张小圆桌旁挨着坐下，点一个浅绿色开心果味的冰激凌球，嫩玉般透亮；一个粉红色朗姆草莓味的冰激凌球，灿如霞珠。看着姥姥用小勺一层一层地刮着吃，我也挖一勺入口，冰激凌好像冰跳跳糖一般噼里啪啦地在口中散开，慢慢抿一会儿，舌头上就汪出奶油的小池塘。在冰激凌店里，坐在姥姥旁边那一刻，看着她抿着冰激凌安恬的模样，我突然有恍如酒醉的感觉，希望坐在姥姥旁边的这一刻永远都别结束。

我们旁边是收银台，我听见收银员问一位顾客偏好的巧克力口味："您喜欢偏苦的还是带点酸味的呢？"

顾客是位穿西装三件套、戴领结、头发全白的老绅士，他沉吟着回答："是礼物，我还不了解对方的口味。"

然后老人捧着一盒巧克力走到我们桌前送给姥姥，对她说："希望它给你带来快乐。"

可惜姥姥年轻时整天都在忙着入党，没有好好学英语，否则就能迎来人生的第二春！但最给力的一刻是老绅士走后，姥姥咬了一口巧克力，说："太硬，咬不动，不好吃。"

我决定，不学提高被搭讪率的方法，而要学这种睥睨天下的气度。

6

去年夏天特别热，电话里姥姥说："太热。"

以前她跟我描述自己的生活时曾说："最喜欢阴天或者下雨下雪，我就可以躺在床上看小说。"当时感觉十分穿越，差点问："姥姥，你是在看亦舒吗？"

这回天热，她没法躲在屋子里看小说了。电话里她叹了口气："活着太困难了。"然后这位老年糖尿病患者顿了一下，说："不过天热也有好处，可以随便吃雪糕。"

我说："那你就吃呀！"

她说："懒惰，不想下楼去买。"

我说："那我假装给你送雪糕吧。"

她说："好，我收到啦！"

估计谈恋爱谈到最恶心的境地也就是这样了吧。

我跟姥姥确实挺腻歪。家人中，我是给姥姥打电话最多的人。而姥姥最喜欢跟我大姨、我妈她们不露痕迹地炫耀我俩的亲密关系。昨天她们一帮中老年妇女一起吃烤肉，她低调地提起我又给她打电话了，而且两人唠了很久。

我妈酸溜溜地表示："有什么好说的啊？你们能有什么话题，都聊什么啊？"

姥姥神色自若地回答："我们就说，我想你啊，我爱你啊。"

我妈气得胡子都要长出来了。

7

今年我妹妹结婚，姥姥特别高兴，又逛街又约裁缝，连买带做准备了6身新衣服，套装、西装、唐装应有尽有。我说："原来伴娘是你啊！"

到婚礼前夕，她没挺住群众舆论带来的恐慌，担心人家议论她这么老了还打扮得花枝招展，最后穿了身旧衣服去了。

我妹结完婚，姥姥表示了对"剩男"我哥的担心："小某嫁出去了，小某眼看就要砸手里了。"

她倒是不怕我砸在手里。姥姥总嫌我脾气不好，她觉得我跟谁谈恋爱就等于坑谁。我上大学时，姥姥说："咱家也没什么仇人，不然以后把你嫁过去多好。"

现在她看到我男人，可能在琢磨："怎么就害到了这个好孩子啊。"

假如有一天我举办婚礼，姥姥，那一定是因为你，为了能让你吃到我的蛋糕，看着我慢慢变得像你。

◎淡 豹

窃书记

关键词：青春 读书 窃书

所有的青春，没什么不同，每一代的轨迹其实都有相似之处。只是隔着岁月的两端，我们觉得不一样了。那是因为我们观察的角度变了。其实，爸爸妈妈的青春和孩子的没什么不一样。

故事提供者：于李平（老师）

讲述背景：偶尔和读初中的儿子聊起读书的事，儿子说，现在除了做功课之外，基本没有时间读课外书籍，以至于父亲为自己买的很多书，从来都没有碰过。由此引发一段对往事的回忆。才二十几年，人们对书的阅读兴趣发生了天翻地覆的变化，这既让人惋惜，更让人深思。

读书很贵

在我短暂而漫长的青春岁月里，出现得最多的一个主题词，便是偷书。按照前辈孔乙己先生的说法，窃书，读书人的事，不算偷。故而我也择雅而从之，仿效他的做法，窃一回。

我不知道孔乙己的书，究竟有多少变成铜钱换了黄酒，多少用来打发寂寥漫长的日夜，但我知道，我想要窃的书，没一本是打算拿去换麻糖和花生吃，而是为了自己的眼睛和心灵的需求。如果单纯是为了要换糖，我完全可以像小伙伴那样，向我家背后的铁厂废料场下手，只需要从墙下的水沟洞里钻进去，捡两块称手的铁扔出墙，几块麻糖和花生便到手了，不用像书那样费尽周折，而且收废品的根本不喜欢。

那时，街面上没有网吧和游戏厅，青少年最喜欢去的就是连环画店，这些小店通常以一分或两分不等的价格，把厚薄不均的小人书租借给孩子们看。我最初的阅读兴趣，就是在那光线并不十分充足，几块砖垫一块木条做成的长凳上养成的。满满一屋孩子密密地挤坐在一间小屋，屏神静气地看书的场景，至今仍是我心中最美最温暖的画面。

但是，比起记忆的温暖，现实却是冰冷而骨感的。虽然一分两分钱的租金，现在看起来没什么，但在当年是很具体的。那时候，米不过一毛三分多一斤，肉凭票七毛多一斤，一分钱也就是一杯爆米花，两分钱就是小半瓶醋，谁家的经济条件能放开了让孩子们由着阅读兴趣去花钱读书啊?

疯狂的阅读渴望与有限的图书供应之间出现巨大的反差。这使得14岁的我不由得不想出各种各样的歪点子去筹集看书的资本，而为了炫耀自己看过的书多，进而产生拥有更多书的愿望，由此开始了我的窃书生涯。

窃书生涯

我第一个下手的目标，是邻居朱爷爷。朱爷爷是一家单位的会计，常年不在家中，以至于他的那座小院有一种荒弃的感觉。檐下挂着蛛网，墙上长着杂草，那个终年无人的小院，是周围家鼠野狗小猫和我们这帮半大孩子的乐园。小时候我在那里扮鬼、捉迷藏，只对墙上挂着的铁剑感兴趣，稍大懂些事了，便对那黑屋子里的大书柜感起兴趣来——那里面有好东西。

朱爷爷的书，大多数是很久以前置办下的老书，《西游记》《水浒传》《三国演义》《儿女英雄传》《初刻拍案惊奇》之类，还有《山海经》《阅微草堂笔记》《随园诗话》《聊斋志异》，我凭着十几岁少年的阅读兴趣，窃过“西游”“三国”和“水浒”，我的另一位伙伴，窃得一本《芥子园画谱》，由此开始学画，最终成为一位知名的山水画家。我所窃的书，原本看后也是想放回去的，但一想着放回去还不知会进了哪家小伙伴的灶门，于是一狠心，就昧了下来。此事一直到多年后朱爷爷去世，房子拆迁改建为楼房，也没人问起。我虽然一直心存愧意，但想想那些书最终没有一直在蛛网尘灰中变为鼠虫的美食，而成为一个青春期少年的精神食粮，不禁有些释然，甚至还有一种拯救了它们的小小愉悦感。

我下手的第二家，是离家不远的建筑公司工会图书室。与偷朱爷爷家里的书一样，我在整个过程中，没有丝毫“偷”的负罪感，倒是觉得那些被铁栅栏封锁着的书，如同被投入牢狱的老友，正等待着我的搭救。

为了接近那早已无人搭理的图书室，我也是下过一番苦工夫的。首先，和门卫的儿子以及他家的狗搞好关系；接下来，做好堂弟的思想工作，因为他的身体瘦小，可以从图书室的护窗爬进去，我可以在窗外接应，而即便被抓住，别人也不会拿七八岁的他怎样。

经过周密筹划，在一个月黑风高适合偷书的夜晚，我和堂弟出动了。我们学电影里的侦察兵，都穿了黑衣，还很“二”地往脸上抹了锅底灰。我们从建筑公司后院的地沟里钻进去，迎面就撞到守门的大狗阿黄，看在平常给它丢馒头和挠痒痒的分上，它原谅了我们的古怪行为，摇摇尾巴自个儿玩去了。

我们从山一样的木头垛子缝隙里穿过去，很快接近了目标，堂弟三两下爬上图书室的护窗，就往外递书，我凭手感，凡是塑料封皮包着的精装书，都不好看，扔在一边，匆匆忙忙抱了一堆手感尚好的，用衣服包了，凯旋而归。

这天夜里成功“越狱”的有《青年近卫军》《卓娅和舒拉的故事》《红岩》《战争与和平·上》，还有《敌后武工队》《吕梁英雄传》等，以苏联小说为主，也有一些读不懂的法规和理论书。这些对于我来说，已是非常棒的收获了，那几本苏联小说让我在之后整整一个暑假里，沉浸在一种难以言说的幸福中。

建筑公司一直没有发现图书室有什么异样，这使我和堂弟又轻车熟路地干了几票，直至有一天，废品公司的一辆大货车开来，把图书室的书都运往了纸厂，我和堂弟才开始为自己人小力气小无法偷走更多的书而感到深深的遗憾，像阿里巴巴眼睁睁看着好不容易发现的宝库被洗劫一空一样。而最令人愤怒的是，抢走这些宝物的人并不认为它们是宝物。

建筑公司宝库的沦陷，让我不得不把窃书的眼光放到下一个目标上——父亲的书柜。

父亲的书柜

不知从什么时候起，父亲在大衣柜下面的底柜里建起了一个小小图书柜，他时不时把一些崭新的图书和杂志放在里面。那些新书，有很多是我做梦也想得到的，比之我先前窃来的那些泛黄甚至发霉的旧书，它们简直就是衣着鲜亮的天使。它们中有《格林童话》《安徒生童话》《尼尔斯骑鹅旅行记》《堂吉诃德》《欧亨利小说集》，杂志则有《奥秘》《少年文艺》和《读者文摘》，都是我非常想看的。

但是，父亲每次买了新书，自顾自看完，就把书小心而平整地放进衣柜下面的书箱里，然后令人愤怒地锁上，让那些泛着书墨芬芳的尤物，与我一箱之隔，令我抓狂不已。

为了摸清父亲书箱钥匙放在什么地方，我可谓费尽了心思，先找他借指甲剪，发现钥匙并没在他随身携带的钥匙串上。然后，就从床上、枕边、米坛、蜂窝煤后，甚至连泡菜坛子里也找过，但最终还是没有找到。我也曾想正面向父亲借，但父亲一脸吝啬和不情愿，仿佛担心我损坏了他的书，又仿佛那其中有些书是我现在不适合看的。这更激发了我的好奇，下决心一定要把钥匙拿到。

一连很多晚上，我都静等着父亲看书、睡觉。终于有一天，我看到他放书，并把钥匙小心地放到挂蚊帐的竹筒里。皇天不负有心人，我终于可以看到那些新书了，我那股高兴劲儿，至今想起还兴奋不已。

多年后，我已是一位受人尊敬的语文老师，一次在饭桌上聊往事，说起了童年这些趣事，我以此事来取笑父亲的吝啬，父亲听了不仅不生气，而且很开心地笑了，说："傻孩子，如果我不那样坚壁清野神秘兮兮，你会那么快那么认真地读完那么多优秀的外国经典？那些书，都是专门为你买的，而且，我藏钥匙的时候，早就知道你那小脑袋瓜在门上的窗口侦察了好多天了，我就是为了吊吊你的胃口，让你好好珍惜那些书。不是你小子聪明，而是你爸爸太有心。"

◎曾　颖

家门口的那只大猫

关键词：猫 宠物 玩耍

一看到我的身影出现在大门口，这只猫就跑上前来，小碎步跟着我，快到时又先我一步蹲在门口，做出一副起跑的姿势，以备门一开就冲进去，如果门缝开得太小，就挤进去。它跟着我的时候，就像我家养的宠物一样，不同的是，别家的宠物跟着主人时会亦步亦趋，而这只花猫会和我保持安全距离——或以小区成队的车做掩护，迂回地接近，或从树篱间忽然冲出来，直接冲到单元门口，等着进门，它竟然一点儿也不担心我一脚把它踹飞。因为它这样无条件的信任，我总会给它开门。

1

大约两年前，它还是一只血气方刚的少年猫时，因为家里闹老鼠，我总是想引诱它来家里。可是它挺傲慢的，多数时候，它凛然地蹲在墙头，神色淡淡的，即便捕猎，也不过是娱乐活动而已。有时候我看到它蹲在花园里，一动不动，盯着不远处的一只麻雀，忽然箭一般扑上去，虽然多半连麻雀毛都碰不到，但它身形矫健、活力四射。小区里的人经常把吃不完的鱼、肉放在它出没的地方，它不缺吃的，它有骄傲的资本，以至于我都没什么可以诱惑它进屋。

后来，老鼠被我用粘鼠板粘住了，但每次路过花园，我还是会叫几声“咪咪”，然后把吃的放在台阶上，它跑过来吃，也不介意我摸它。再后来，我就叫“咪咪进来”，它犹豫着进了单元门，听见门在身后闭合，它惊慌地在楼道里东躲西藏。我家在一楼，我把门打开，它藏无可藏的时候，就一头扎进我家里。我用刚炸好的鸡翅招待它，它胆怯地靠近，吃一口，惊慌地看一眼四周，吃完了就在房间里四处寻找掩体，从凳子底下偷瞄整个房间，我把房门一打开，它出溜一下就钻出去了。

以后，只要我叫它“咪咪”，它就从花园里、树篱间、楼拐角处颠颠儿地跑过来，跟我回屋，我就把吃剩的肉拿出来招待它。我说：“看你在土里滚得脏的。”它就坐在地板上起劲儿地舔毛、舔爪子，像能听懂我对它的嫌弃。

有一次我在厨房洗碗，洗完出来看到它卧在沙发上，一副很惬意的样子。虽然知道它成天在垃圾堆里钻来钻去，身上有细菌、寄生虫，我还是忍了忍，没惊动它，怕会吓着它，以后不来玩儿了。毕竟，每天有只小动物在门口等你进门，这种感觉挺温暖的。

但是第二次，我就有点儿不能忍了。我从书房出来，发现地上滚着半个肉丸子，再找猫，它怡然地卧在沙发上，跟没事儿一样，想必是吃饱了，否则肉丸子也不会剩下大半个。我恼火它糟蹋东西，就把它从沙发上轰下去，赶出门，心想它到底是只野兽，还是得防着些。

2

有时候我想，倘若它真和我打起架来，我还不一定能赢。有一次我买了鱼放在案板上，它闻到鱼腥味儿，站起来伸着脖子看，我吓了一跳：它把自己整个儿拉长，都有我身高的一半了，何况，它还有尖利的爪子。还有一次，它吃的东西太咸，跑到卫生间趴在浴缸边上喝水，脖子伸得那么长，而爪子搭在滑溜溜的浴缸边缘，看着既惊险又好笑。它的屁股撅着，我特别想把它推下浴缸，也不知是单纯想跟它开个玩笑，还是想虐待它？

有时我会被自己类似的想法吓到。它来得多了，而且一次比一次不把自己当外人。当它又一次弄脏了我的白床单，我用竹制的痒痒挠追着它满屋子打。被我打急了，它发出恶毒的呼呼声，像一种咒骂。我更恼火了，它冲向门口要出去，我很生气，又追着它揍了一顿。它开始还伸着爪子反抗，后来只把背一弓，身体一缩，摊在地上，一副听天由命的样子，因为它这个贱样子，又挨了一顿打。

它是如何惹火了我呢？不管它是驯顺还是野蛮，我都会很生气。为什么它任何一个小小的行为，都能挑起我的暴行？

是我需要发泄的情绪垃圾太多吗？客户的挑衅、上司的压制、合作伙伴的不配合，这些情绪，当时看似被控制住了，可是，实际上它们一点儿也没消失，总会在合适的时机破土而出。比如，见了比我更弱小的动物我会忍不住想欺负它，也许是因为它跟我太像了：对待强者的欺负会试探性地反抗，看反抗不过，就逆来顺受。而且，它那么会察言观色，那么容易不再记仇，不再愤怒，这一切都让我愤怒。

我以为我打了它，它不会再跟我玩儿了，但是，第二天我回来时，它又跟上来了，好像压根儿没有我揍过它这回事。它依旧挤到我前面，等着进门，一进门，就冲向它的碗，看里面有没有肉。我忽然很厌倦，不想再跟它在家里嬉戏了，谁知道是谁在耍谁，既然就为了一口吃的，吃完就出去吧。

但请神容易送神难，它既然进来了就不愿再出去了，哪怕我用痒痒挠赶它，它也不出去，只在屋里东躲西藏。

我把它关在书房里。我想，就容它在家里待上一晚吧。它很有眼色，一声也不叫，可第二天早上，它在书房里一声接一声地叫，我去一看，它在我给它铺的窝里拉了一堆，我没有打它，这次不怪它。我把它拎出门，它飞快地穿过树篱，冲到花园，在土地上打了个滚儿，抖了抖毛，把身子抻得长长的，伸了个懒腰。那一刻，我觉得它还挺可爱的。

3

有一次，我听到楼上一个邻居要出门，骂了它几句。我有点儿心虚，因为是我招惹了它。它总是蹲在楼道口等我，长此以往，邻居们总有一天会发现，是我把一只流浪猫放进了家门。他们会认为，你给流浪猫喂食是一回事，让流浪猫进家门是另一回事，这标志着你也不讲究，你家里能容忍跳蚤、虱子。你让成天在垃圾堆里钻来钻去的野兽进门，你的家和垃圾堆也差不离了吧？

于是，我很害怕让邻居们看到我把它领进家门。但是，我还是做不到像其他邻居那样踹它一脚，我只能趁它没发现我时溜进家门。想来好笑，我进自家的门，倒像是做了什么见不得人的事一样。

我也真的没精力招惹它了，尽管它毛茸茸的、圆头圆脑、表情无辜、眼睛明亮，但是它一进家门，我就感觉好像凭空多出了很多事，三头六臂也应付不来。一不留神，它在沙发上刺啦刺啦地磨爪子；一眼不见，它就蹿上窗台，在我刚刚洗好的被罩上留下了脏爪印。反正，不管你在做什么，都不能专心去做了，你得随时留心它在干什么，得把橱柜、碗柜、食品柜都关严实，把案板上的鱼藏到冰箱里去。

躲着它也不是办法，它眼睛比我尖得多——在我还没发现它之前，它就看到我了。不管我换了发型还是衣服，它都能准确地认出我；不管它是在捉鸟还是在和别的猫玩耍，它都会放下一切向我跑来。它从高高的墙头跳下来，从远远的路尽头奔过来，从铁栅栏后边钻出来，如果它能直立行走，它的姿势一定是张开双臂，摇头晃脑地冲我跑过来。

我决定不能这样下去了，既然我不想收养它，就得明确让它知道！于是有一次，在它要跟着我进门的瞬间，我伸出一只脚，挡住了它。它后退了几步，我俩对视了一会儿，它眼睛瞪得溜圆，但它的眼神出卖了自己——如果它是只涉世未深的小猫，眼泪汪汪、楚楚可怜，我可能会心软；如果它还是从前那只桀骜不驯的青年猫，就像王小波笔下那只特立独行的猪一样，我也敬它是条汉子；然而，它是那么世故，它的眼神懒散又冷漠，没有什么能让它爱或者恨，它的眼里只有生存，为了活着，它愿意把自己低到尘埃里。

我收回目光，转身进屋。

◎肖 遥

美好永不消逝

我也想对着世界和远方说，没有我不肯坐的火车，也不管它往哪儿开。哪怕它是驶到那种小到不能再小的车站，驶到那种只有四等慢车才肯停留两分钟的小车站。

梦想去远方

关键词：梦想 成长 挣钱 远方

上高中的时候，学业压力很大，看旅行书籍便是我的减压方式，“穷游”、“搭车”、“背包客”这些词像神秘的黑洞似的把我往里吸，令我魂牵梦绕。

北岛在《青灯》里写道：“一个人行走的范围，就是他的世界。”我被这句话惊到，我想去远方，想让自己的世界更加广阔。但不是每个人都能说走就走，首先你得有钱，其次你得有时间。

母亲不喜欢我到处走，她觉得女孩子就应该乖乖待在家里，看看书，做做家务。见我执意坚持，她说，要去旅行也可以，但她不会提供一分钱的路费。我呢，也算是跟她怄气——你不让我出门我偏要出，你不给路费我就自己挣。

挣钱这种事情，不是立刻就可以完成的。高考刚结束时，我给自己定了个目标：从高中毕业到大一暑假，我要挣够一万块钱。对我那个年纪的人来说，一万块真的是天文数字。那时候我最想去的地方是西藏，虽然去过的人告诉我，去西藏根本用不了这么多钱，但我给自己定的目标就是一万。因为，如果你想要跳到月亮上去，你就应该把太阳设为目标，这样，你才不至于栽在一颗星星上面。把目标定高准没错。

于是，当同学们开始享受他们三个月悠闲且放肆的暑假时，我开始了自己的漫漫攒钱路。

一开始，我在一家小型的旅行社当助理导游，公司不太正规，因为缺人，没经验的我被录用了。前两次是跟短途的旅行团，因为我的后勤工作做得不错，所以每趟都能得到不错的报酬。第三趟是去西安，因为高速公路上堵车，全车的游客错过了火车，我一边联系退票，一边安抚大家的情绪，一边找别的交通方式，最终化险为夷，准时将游客送至西安。这一趟公司损失惨重，我没有得到一分钱的报酬，就委婉地辞职了。

后来，我给暑期的住校培训班当了一个月的助教，看早、晚自习，督促学生背诵和朗读，老师不在的时候，我帮着讲解习题。有的学生年龄比我还大，调皮又顽固。有个男生总是睡懒觉，不来上课，我就去寝室叫他，他冲我发脾气，不开门，我就在门口守着，直到他于心不忍地出来。我离开培训班时，好多学生都不舍地哭了，其中也包括那个顽固的男生。

进入大学，我每个月都会写稿件，也会跟同学们一起参加社团和志愿者组织的活动，跑新闻、办活动、当义工，这些都是没有报酬的，有的甚至要自己贴一点儿钱，我依然乐此不疲。我知道，再没有一个地方单纯如校园的了，当你是学生的时候，你应该庆幸有如此多的人热衷于做无报酬的事情，大家付出的是爱，收获的是感动和难忘的记忆，这些都是钱买不到的。

高中时，我每年发表的文章不到十篇，但步入大学，时间宽裕了，表达也更加自由，加之对攒旅费的渴望，我踏上了相对高产的道路，多的时候，一个月能在六七本杂志上露脸。

终于，大一的暑假来了，之前狠心定的目标居然实现了，而且还超出不少。于是，我决定不只去西藏，我要玩到国外去！我从江西出发，去了青海、西藏、尼泊尔、云南，玩了整整一个月。当乘着滑翔伞飞翔在尼泊尔的高空时，我几乎要哭出来了，这一年的种种委屈和艰辛，在那一刻都变得值得。那是我度过的最传奇、最痛快的一个月，传奇的是路上的种种经历，而痛快，是实现了被轻视的梦想之后的释怀。

或许我该谢谢妈妈，要是她一开始就甩给我一沓钱，我绝对不会这么卖力地兼职和写稿，也不会拥有这么多难忘的经历，获得心灵上的成长。现在我是一名即将削尖脑袋往职场挤的大三学姐，旅行不再是我的终极梦想，但我还记得十八岁的自己，那个天真的“小财迷”，她到达了她梦想的远方，我也活在我珍惜的当下，我们都应该是快乐的。

很喜欢一句广告语——只要你知道去哪儿，全世界都会为你让路。多希望永远能明确地知道自己要去哪儿，不会因为道长路远，而不知道要怎么走了。

◎巫小诗

火车，火车，带着我去吧

关键词：火车 梦想 向往 诗人

我在故乡社生镇念初中一年级的时候，有一天，班上一个姓王的男生突然“失踪”了。校长、老师和他的家人找遍了四周所有他可能去的地方，都没有找到他。这件事当时轰动了整个小镇，乡里百姓中甚至传说，他也许是给大青山上的“狐仙”拐走了……

就在老师和他的家人们已经绝望的时候，他却又衣衫褴褛地出现在大家面前。大家纷纷询问他到哪里去了，他竟然自豪地说：“坐火车去东北了！”

原来，他先去了青岛四方火车站，从那里扒火车，一路向北，最后到了遥远的东北！记得当时他还告诉了我们一个地名叫“延吉”，那确实是吉林省的一个县。

好家伙！一个从未出过远门的初中一年级学生，身无分文，竟然不辞而别，独自扒火车一路到了那么远的东北，然后还能活着回来……这简直就是一个奇迹！这个同学一下子就成了我们这里人人知晓的人物。

有人用《卓娅和舒拉的故事》里的话夸奖过他的这次远行："妈妈，我将成为一个英雄归来，否则，就像一个英雄一样死去！"

当时的我们，几乎谁也没有坐过火车，但是毫无疑问，大家对此都很向往。也正是这位英雄般的同学，亲口给我们描述了他坐火车的感受："火车跑得像飞一样快，车外面的那些树，一棵一棵，都是飞快地向后退去的……"

不久前，我在诗人金波先生的小散文《森林小火车》里，看到他描写的火车"在森林的大海里行驶"的一个细节：车窗外，闪过一棵棵大树，它们挥舞着手臂，好像列队欢迎着我们，又像接受着我们的检阅。

坐在森林小火车里，满眼看到的都是树。我听见小火车一面跑，一面和大森林打着招呼：

树……

树……

树……

别出心裁的文字排列形式，把坐在火车上看见一棵棵大树从窗外向后闪过的那种感觉，表现得那么准确、逼真和形象，我顿时想到了许多年前，那位同学对我们讲述的坐火车的感受。

美国女诗人米莱写过两行关于火车的诗，也令人难忘——"没有我不肯坐的火车，也不管它往哪儿开。"这几乎写出了所有生活在寂寞而闭塞的乡村中的少年人的梦想。

我的老师、已故著名诗人曾卓先生，在他的儿童诗集《给少年们的诗》里，有一首《火车，火车，带着我去吧》，其中有这样的句子：

在晚霞的映照中，

我常坐在山坡上，

看火车从远方来，

又向远方去了，

我的心也跟着它飞得很远很远……

火车轰响着在我面前飞奔而过，

它在我心中唱着奇妙的歌。

它向我歌唱：辽阔的大地和宽广的生活。

……

火车，火车，带我去吧，

带我去看美丽的江南，看黄土高原，

看泰山日出，看昆明石林……

看我只在地理课和游记中读到的

许许多多的城市和名胜……

我很喜欢这首诗。我觉得，这首诗和诗人何其芳的那首《生活是多么广阔》一样美丽、浪漫，富有少年人的壮志豪情。

曾卓老师还给我讲过一个与火车有关的故事——有一个十三四岁的少年，和他病弱的妈妈一起住在一个小火车站附近。母子二人相依为命，在自己的土地上辛勤地劳作着，却还是过着十分贫困的生活。

这个乡村少年的家附近少有人家，他的日子过得那么孤寂、单调，甚至有几分忧伤。

对他来说，仅有的欢乐时光，就是火车从远方驶来，在小站上停留几分钟的时刻。这时候，不管他手头正在做什么，一听到汽笛的长鸣声，他就停下来，飞快地向小车站跑去……

他计算得那样精确，几乎总是和火车同时到站。车厢里响着音乐和旅客的说话声，晚上也亮着灯光，挤着各种各样的人，汇集着不同的方言——对这个孤寂的少年来说，那是一个多么热闹、生动的世界啊！

但仅仅是短暂的几分钟，随着一声汽笛长鸣，火车又喷吐着白烟，向着远方飞奔而去了……平原上只剩一片沉寂，还有这个少年一天又一天灰暗的日子、贫困的生活。

有一天，他病弱的妈妈再也挺不住了，咽下了最后一口气。少年痛苦地掩埋了妈妈，在土坟旁的大树下坐了一整天。

两天后的傍晚时分，当火车吐着白烟再次经过这里时，少年背起自己小小的行囊，跳上了火车，毅然离开了自己的故乡。

前路茫茫，举目无亲。对这个少年来说，驶向未知的远方的火车，意味着他对于新生活的渴望。对于新的命运的寻求，从此开始了……

火车将把他带到什么地方去呢？在远方，将会有什么样的生活和命运在等待着他呢？

我不禁想到了诗人余光中翻译的土耳其诗人塔朗吉的那首写火车的诗：

去什么地方呢？这么晚了，

美丽的火车，孤独的火车？

凄苦是你汽笛的声音，

令人记起了许多事情。

为什么我不该挥舞手巾呢?

乘客多少都跟我有亲。

去吧，但愿你一路平安，

桥都坚固，隧道都光明。

我用这首美丽的小诗，祝福那个远去的勇敢少年。

还有一首美丽的诗，也是写火车的，一直清晰地印在我的脑海里，难以忘却。那是诗人袁水拍青年时代写的一首爱情诗《火车》:

驶到那种小到不能再小的车站，

四等慢车才肯停留两分钟的小车站，

没有电灯的小乡镇，

车站上只有一个警察守夜。

……

没有人来迎接这末班车的稀少的旅客，

只有一个，在那月台上，

裹在围巾里的脸，冻得通红，

正是我约好的人。

彼时24岁的诗人，给我们留下了“想听一声火车叫，我是如此真切地想听一声火车叫”这样抒情的美丽诗句。

没有谁不向往坐上火车去远方的那种感受。女作家铁凝在她那篇著名的短篇小说《哦，香雪》里，一开头就这样描写了火车和一个小山村的关系：如果不是有人发明了火车，如果不是有人把铁轨铺进深山，你怎么也不会发现台儿沟这个小村。它和它的十几户乡亲，一心一意掩藏在大山那深深的皱褶里，从春到夏，从秋到冬，默默地接受着大山任意给予的温存和粗暴。

然而，两根纤细、闪亮的铁轨延伸过来了。它勇敢地盘旋在山腰，又悄悄地试探着前进，弯弯曲曲，曲曲弯弯，终于绕到台儿沟脚下，然后钻进幽暗的隧道，冲向又一道山梁，朝着神秘的远方奔去。

铁凝笔下的山村女孩香雪，就是怀着这样的“火车梦想”，第一次走上火车站台，第一次登上了开往远方的火车。

啊，火车，火车，带着我去往远方吧。

我也想对着世界和远方说，没有我不肯坐的火车，也不管它往哪儿开。哪怕它是驶到那种小到不能再小的车站，驶到那种只有四等慢车才肯停留两分钟的小车站。

◎徐 鲁

一场说走就走的旅行

关键词：埃及 旅行 冒险 冲动

人生必须有一场说走就走的旅行，心灵鸡汤里都这么说。我生来就是个慢性子，想法在我的脑子里转一圈就放下了，所以一般我去哪儿都非常被动，若不是别人生拉硬拽，所有的旅行都不过是想想而已。但我妈的性格跟我正相反，她的执行力超强，比如她同学给她打电话说打算去埃及，挂了电话，她就把自己去埃及的钱交了，跟有奖抢答似的。当她特别得意地告诉我她要去看金字塔的时候，我在电话里大叫："那玩意儿有啥可看的？看看长城不就完了？"可我妈说："我得去一趟尼罗河，我最爱看的《尼罗河上的惨案》就是在那儿拍的。"

我提前下班，把在网上查到的埃及混乱的新闻给她看，推心置腹地对她说："虽然您曾经领导过8000人的单位，跟弄潮儿一样解决过不少突发事件，但世界版图上不缺您这一颗螺丝钉。您逛个街都嫌贵，也不愿意去大商场，专门逛地摊，万一刚蹲下就飞来个催泪弹可怎么办？"

我妈说:“可以等催泪弹冒完烟捡回来当纪念品摆家里,上面有外国字就行。”对话无法继续,她胸中熊熊燃烧着拾漏的火焰。

为了保持联系,我强迫她带上智能手机,有网络的时候发微信,让我们也领略一下中东风貌。她则要求我去给她换美元,我前思后想,只换了200美元,告诉她:“银行说去沙漠那边,没什么可买的,只给换200美元。”于是,我妈怀揣着祖国人民的希望和这200美元新钞赶飞机去了。途中,她跟我说:“埃及那边的钱比咱的钱便宜,还好看,要没什么可买,就换点零钱回来送亲朋好友。”这是散尽家财的底气啊!

从旅行团的行程单上看,吃的还不错,顿顿自助餐,起码管饱。但出发前,导游突然说自助餐改成10人的团餐了,很有可能吃不饱,尽可能带点方便面和榨菜。而且人家不提供饮用水,要求自带热水壶,可以每天烧开自来水灌瓶子里喝。这简直就是晴空霹雳,立刻让我妈向往金字塔的心黯淡下来。我说:“这是扶贫团吧?还得自带电热水壶,再带箱方便面,太给中华民族丢脸了。”我妈点头:“宁愿饿着,绝不能丢脸。”瞧这气魄!

约我妈同行的阿姨在电话里声音清脆:“我蒸了两屉包子,你们不用带方便面啦。”我心想,阿联酋国际航空能让带吗?

再跟我妈联系上,我们已有6个小时的时差。她在人声鼎沸的混乱背景中一遍又一遍重复:“我花了好多钱!我已经花了好多钱了!”我问她在哪儿,她说在迪拜转机,看见那里免税店的东西特别合适,为了表达她澎湃的心情,她大声说:“这里的洗发水比咱家楼下超市的还便宜!我得多买点儿带回去。”我在这边隔着6小时时差大喊:“别买,千万别买。你带那么多液体上不了飞机呀!”可是就没人再理我了。

隔天中午,我妈汇报已经到达开罗。我问她那儿风景好吗,她回复我:

“我同学在飞机上没敢上厕所，下了飞机也没敢上厕所。结果过安检的时候没坚持住，尿裤子了，我得帮她换衣服。”天哪！厕所里有啥呀，能吓成这样。

我问她包子吃完了吗，她给我发来好多照片，说正在一个风景特别美丽的大露台吃丰盛的自助餐。食物给的量真是挺足的，全是一大盆一大盆的，也看不出到底是什么佳肴，反正管饱就行。我妈非常自豪，说是埃及首脑接见了他们。我寻思着，消费能力就体现在买200美元洗发水上的人，值得接见吗？

一场说走就走的旅行需要一份豁出去且想得开的冒险精神，说实话，我还真挺佩服我妈。我的人生怎么就一点冲动都没有呢？

◎王小柔

美好永不消逝

关键词：晚年 环球旅行 浪漫 幸福

梦想都会被岁月磨灭？

晚年都该在家中和公园里安然度过？

当一对不懂外语的花甲老人背起背包，踏上环球之旅，一段崭新的人生旅程就此开始。

如果没有开始环球旅行，张广柱和王钟津的生活和其他的退休老人不会有太多不同。这样的生活安逸舒适，却也平淡乏味，可以一眼望见生命的尽头。“我们不愿意将自己生命的最后几十年交给门口的小公园。外面的世界很精彩，从前没有机会去了解，活到60岁，终于有了条件，那为什么不出去看看呢？”

2011年8月，结束了长达180天的环球旅行，63岁的张广柱和61岁的王钟津回到了北京的家。生活重新步入“正轨”，不用整日奔波，可以舒舒服服地躺在床上，每天睡到自然醒。只是时常会做梦，梦见自己背着沉重的旅行包，穿行在辽阔的澳洲草原上。

经历苦难，也要学会享受生活

退休之后，张广柱和王钟津迷上了户外运动，像年轻人一样登山徒步，在野外露营。2007年，张广柱和王钟津去云南旅行。行至虎跳峡，在哈巴雪山脚下遇见一个纳西族家庭正在举行婚礼。热情的纳西族人办起了流水席，来自世界各地的游客欢聚一堂，共赴喜宴。席间，张广柱发现一个外国背包客在翻看一本厚厚的旅行指南，他很惊讶："这个老外一句中国话都不会说，可以到这么偏远的地方来，我们为什么不能去国外旅行？"

张广柱和王钟津探讨环球旅行的可行性，王钟津盯着一脸兴奋的老伴，第一反应是："老头疯了！"

的确疯狂。不懂外语，体力也大不如前，两位年近花甲的老人要做环球旅行谈何容易。更何况，在遥远而陌生的国度，危险无处不在。

未知的旅程让人心生恐惧，而恐惧也正是旅行中最有价值的部分。

张广柱并非一时兴起，回到北京之后，他向老伴宣布了自己的旅行计划："我要去阿尔卑斯山徒步！"王钟津也不甘示弱："那算什么，我要去亚马孙河漂流！"

决心已定，马上学英语、读历史、攻地理……经过近一年的艰苦准备，2008年3月28日，激动并忐忑的老两口开始了环球之旅，他们的第一站是西方文明的发源地——希腊。

飞机降落在雅典，老两口旋即迷失在机场。危急关头，还得靠主攻英语的老头子问路。王钟津扭头，却见张广柱捧着一本《旅游英语》发蒙，一句话也说不出来。

王钟津催他："你倒是问啊！"张广柱不好意思地说："我不会。"除了事先背的3句应付海关人员的英语，他真是一句都说不出来了。老太太急了："你不会说就把我带到这地方来？"

美好的事物永不消逝

语言依旧是障碍，但并不是不可逾越。热情开朗的王钟津很快找到了窍门，凭着丰富的肢体语言和一些简单的单词，在后来的旅行中，老两口解决了大部分交流的难题，甚至可以与外国人"攀谈"。

3个多月间，张广柱和王钟津游遍了欧洲16国的70多个城镇，领略了雅典的光辉灿烂、罗马的雄浑壮丽、巴黎的色彩斑斓、柏林的死而复生……世界在面前徐徐展开，多元的文化让他们赞叹不已。

老两口从此玩上瘾了，王钟津笑着说："我每次背起旅行包就兴奋，心想，得赶紧出门玩去。"2009年，张广柱和王钟津"穷游"了美国、墨西哥、加拿大、古巴；2010年，探访俄罗斯；2011年，老两口6次穿越赤道，行走阿根廷、巴西、秘鲁、新西兰、澳大利亚等南半球14国，并登上了南极大陆。

他们划着皮划艇，在南极的海面上缓行，各种各样的冰山一一呈现。虽然在电视里看过，但身临其境又是另一番感受。天空阴沉，但冰山周围的海水碧蓝，美得动人心魄。晚上，他们在雪地里露营，没有搭帐篷，而是按照船方的安排在雪地上挖出一个大坑，钻进睡袋，体验了一把企鹅的生活。

环球旅行4年，他们住过星级酒店、家庭旅馆、青年旅社、学生公寓、普通民宅；经历过凌晨3点找不到旅馆的焦虑，也有过坐错火车的尴尬；曾遭遇小偷拉包、假警察敲诈，也接受过许多普通人的真诚帮助——如果你真心想做一件事，全世界都会帮你。

最浪漫的事

30多年前，王钟津在山西插队的时候经人介绍认识了张广柱。第一次见面，王钟津眼前一亮："我要找的就是这个人。"张广柱也有一点动心："一起过下半辈子的就是她了。"

即便以浪漫的一见钟情开始，婚后的生活也会渐趋于平淡。42岁那年，张广柱辞去工作，下海经商，去了海南发展，与爱人分隔两地。8年之后在北京团聚，却发现彼此已经成了最熟悉的陌生人。

因为旅行，两人再度并肩携手，在陌生的国度相依为命，依旧会为了一些琐事争吵，"但感情越来越好了"。"很多人都说两口子是越来越没有话说，我们却有说不完的话。"张广柱脸上满是甜蜜的骄傲。

在澳大利亚，他们点燃一堆篝火，相偎坐在星空下；在亚马孙河漂流时，他们的吊床紧紧挨在一起，两人的手轻轻触碰，"船慢慢地走，景色就在眼前慢慢地飘过去，我们跟着船一起，慢慢度过那些时光"……

在秘鲁，王钟津病倒了，高烧40摄氏度并严重脱水。张广柱悉心照料老伴，并把老伴20公斤重的大包背在自己肩上。大病初愈，王钟津的身体依然虚弱，她心疼老伴，坚持要自己背包。有人问张广柱："那个时候，你有没有觉得老太太是个负担？"张广柱动情地说："不会的，没有她，我一个人走就没有意义了。"

这对被称做"花甲背包客"的老人，就这样上演了一出爱情童话，让无数

多年后，当我们已无须为那些算不得什么秘密的「秘密」纠结时，我忍不住问老妈：「你坦白，当年有没有看过我的日记？」母亲一扶老花镜，正色道：「你那些写满字母和数字的天书有啥好看的？我没看！」说完这话时，我们都笑得喘不过气来。

摄影◎汪琪

我们每一个人心中的远方都有一片莲花，圣者是以虔敬和朝圣的心使自己步步为莲，一步一莲花，最终，生命经历的过程圣洁如莲。

摄影 © 邹亚楠

不过是一片树叶、一声“嗯嗯”、一缕阳光，在孩子的世界里却可以多姿多彩，奇妙无穷。

摄影 ◎ 邹亚楠

无论生活有多么艰辛，无论人生有多少烦恼和不如意，我们最终还是会珍爱生活，珍爱每一个新来的早晨，并且对未来的日子依然充满最大的信心和希冀。

摄影 © 邹亚楠

这大约与武汉人的性格有关吧。不似上游成都的闲适，不似下游南京的安稳，武汉不慌不忙，不要多快好省，一天就当一天过，但它依然充满了梦想。

摄影 © 邹亚楠

摄影◎邹亚楠

当他们变得神经兮兮，唠唠叨叨，或者又啰嗦又敏感，不必说，准是那种叫做「爱」的东西在挥发呢。

一场说走就走的旅行需要一份豁出去且想得开的冒险精神，我的人生怎么就一点冲动都没有呢？

摄影◎邹亚楠

时光更迭，人事易改，一切都向着幸福的方向发展。物质改变了我们的生活，却让我们也变得物质起来，消磨了生活的情趣。

摄影 ◎ 韩存娇

网友艳羡。

有网友评论道："关于旅行，说得已太多。'背包客'已不新鲜，可是'花甲'二字放在这里是那么刺眼，令人心生感动。在这个普遍质疑婚姻的年代，这无疑是最温柔的回击。"

当我老了

在国外，张广柱和王钟津经常被当做韩国人、日本人甚至马来西亚人，当别人知道他们是中国人时，总是非常惊讶。背包旅行的中国人少，老年人少之又少，这让老两口非常感慨。他们在网上直播旅行，希望自己的经历可以给老年人启示，颠覆传统的养老观念，走出国门去看看。但是后来，他们发现在网上热烈回应并追捧的大多是年轻人。

王钟津特别理解当下年轻人的状态："年轻人对自己的前途特别迷茫，他们渴望幸福，又缺少安全感，觉得没有能力把握自己的婚姻。他们羡慕我们，又缺少信心去拥有这样的生活。"

让她感到欣慰的是，在交流中，很多年轻人都表示希望通过努力获得自己想要的生活，而不希望父母把自己的积蓄给他们，自己去过苦日子。年轻人希望父母脱离传统的老年人的生活方式，但不管他们怎么解释，父母也不愿意改变自己，这让他们觉得痛苦。很多人在"花甲背包客"的博客上留言，探讨怎样让父母过得幸福。

最初，女儿也并不支持张广柱和王钟津疯狂的旅行，"女儿说，你们都疯了，连家也不管了"。每次远行，张广柱和王钟津都会留下"遗书"，对女儿有所交代，这让女儿特别不能接受。"要是真出了事怎么办？""没事儿，反正我们的生活已经这样精彩了！"

如今，9岁的小外孙也成了他们的忠实“粉丝”。还会有朋友对他们的行为“嗤之以鼻”，王钟津觉得，每个人的追求不同，不做房奴、车奴、孩奴，追寻梦想，自己才会过得开心——幸福终归是自己的事儿。

张广柱和王钟津在计划下一次旅行，神秘的非洲让人神往，亚洲的近邻也令人心动。

“如果有一天，身体条件不允许你们再去旅行，你们会如何安排自己的生活？”

“等我老了，就在家写写自己的故事，看看从前拍的照片，和老公下下象棋，再做点好吃的。”王钟津沉吟片刻，笑着说，“我觉得我们挺了不起的！”

◎十 方

陪着女儿去南极

关键词： 母女 旅行 南极

袁阿姨已经63岁了，依然面容姣好，体态轻盈苗条。她曾经是一名建筑师，退休后每天在紫竹院公园义务教民族舞，迄今已8年有余。

她36岁的女儿媛媛目前在北京一家知名通信公司担任助理，平实的工作赋予她恬静而腼腆的神情，可是那走遍世界各地的经历令她如同一个矿藏，越是深挖，越能发现源源不断的风景。

行走在北京街头，这是一对再普通不过的母女，可是不普通的是，自从2004年媛媛首次和妈妈同游韩国之后，在短短8年之内，她们已经走过36个国家。不是女儿带着妈妈，亦不是妈妈拖着女儿，而是结伴同行，无论是经济、体力甚至智力上，两人均AA分摊，既彼此独立又彼此依偎。

这一次，她们去的是——南极。

南极，不可以只是一个梦想

南极，白雪皑皑，杳无人迹。关于南极，每个人多多少少都有一个浩渺的、纯净的梦，袁阿姨也有。2011年2月，她和女儿媛媛一起去新西兰旅行，在南岛基督城参观国际南极中心时观赏了一部南极风光的3D电影。“当你置身于一个高科技电影院里，感受那纯净的雪域扑面而来，万年冰川泛着剔透的蓝光，那种美令人窒息。于是我便想，南极真可谓今生最奢侈的梦想了。”

谁也没想到，机会可以到来得这么快。3个月后，热爱旅行的女儿媛媛便在自己订阅的“Travel Zoo旅游族”里收到这样一封邮件：“24800元，梦想成真！南极10日邮轮之旅。”随着全球旅行的开发，南极已经不再遥不可及。但目前市面上的南极旅行依然非常昂贵，通常参团价格在10万元人民币左右。此次折扣无疑算是“跳楼价”了，所以袁阿姨几乎是当机立断：“去！”

在北京，这对母女并不富裕。尤其袁阿姨，每月退休工资只有2000多元。但是她却非常乐意把一辈子的积蓄花费在旅行中。“我特别不能理解为什么大多数老年人不敢花钱，总是积着攒着，为了防病、防老、防死……好比人辛辛苦苦一辈子，就为了临死前的那几天好光阴，这是什么道理？”

于是她敢花，独立地花，不向女儿、更不向老公伸手。因为在她看来，人生就是快乐地、有价值地度过活着的每一天。也正是在母亲这种价值观的影响下，36岁的媛媛没有任何积蓄，甚至没有结婚，却有万水千山走遍后沉甸甸的记忆与回味。

消息一经传出，有人喝彩，有人惊诧，也有人吐槽。毕竟袁阿姨已过花甲之年，双腿亦有风湿，此番极地探险，是勇气可嘉还是自不量力？但她们没有犹豫，一鼓作气交出订金，买好船票和机票……而南极，也在这种近乎莽撞的执著中渐渐逼近。

我和妈妈彼此锻炼

独立是这对母女最看重的状态。媛媛从小跟随奶奶长大，直到高中时才回到妈妈身边。袁阿姨并不感觉愧疚，因为“生命是在锻炼中才能强大的”。好玩的是女儿也在有意无意中锻炼母亲。出国旅游时，媛媛并没有包办一切，而是尽量让不会说英语的妈妈独立面对很多事情。“每当看到妈妈在国外比比画画买回来一个东西或者弄清楚一件事情，感觉她特别有成就感。而我越不管妈妈，妈妈越能应付一切。”

此番南极之行，媛媛依然没有大包大揽，而是由妈妈啃下许多“硬骨头”。南极之“难”，难在时间、金钱、路途、气候、体力、饮食……最令袁阿姨心悸的却是阿根廷签证。

因为阿根廷签证的有效期为3个月，而母女二人乘坐的从阿根廷乌斯怀亚开往南极的邮轮的起航日期为2012年2月26日，因此她们于2011年11月便开始着手办理阿根廷签证。11月的某一天，袁阿姨突然接到女儿媛媛的电话，第一句话便是：“惨了！”原来，阿根廷签证的面试已经排到2012年3月份了，而她们的邮轮却是2012年2月出发的。最糟糕的是，阿根廷驻华使馆不接受个人签证，旅行签证必须5人以上，而且由5家指定的旅行社送签。“一阵眩晕，血压立刻升高了。”袁阿姨笑着说，“订金、船票、机票的钱已经全部都交了，好几万块呢！没有签证一切就都泡汤了。”

接下来的时间，母女二人几乎是“全民总动员”。亲戚、朋友、网友甚至不相干的陌生人，只要有一线生机立刻紧追不放。就在因签证焦头烂额之时，袁阿姨无意中在网上发现了一个咨询南极旅行的帖子，太巧了，正好和自己同一趟邮轮，同一个行程。“我像溺水的人抓住最后一根救命稻草似的，赶紧辗转联系上他们，事情这才有了转机。”

当然，最绝望的时候，这对母女也没有颓唐，而是立刻振作起来。“如果南极去不成，那么我们便去西班牙、葡萄牙。丢出去的几万块钱就当花大价钱买个教训罢了！”袁阿姨说，“而生活中的教训，越早来到越好。”

在路上

2012年2月22日，媛媛和妈妈从北京起飞，历经30个小时的航程，终于抵达阿根廷首都布宜诺斯艾利斯。作为一对资深旅行者，她们并没有为南极做过多准备，除了袁阿姨亲手为单反相机缝制了一个棉袋子。事后证明，就连这个袋子也是多余的——或许人们根本无须为未知的事情过分担心。

此次南极之行，她们是从阿根廷的乌斯怀亚乘坐邮轮出发至南极大陆的。乌斯怀亚是世界上最南端的城市，距离南极半岛1000公里。整个小城的南极气氛极浓，不仅是旅行者出入南极的必经港口，更是南极科考家不可缺少的补给基地。2月26日，盖好旅行纪念戳，租好防水衣裤（每10天85美元），这对母女终于踏上“乌斯怀亚”号邮轮。汽笛长鸣，海水湛蓝，海鸥翔集，她们注视着远方的地平线笔直地掠过大海蓝天，心情在这一刻才真正激动起来。

“乌斯怀亚”号建于1970年，是一艘专门用于冰区航行的破冰船，曾是美国国家海洋和大气管理局的科考船，后来被改装成专门用于南极旅游的邮轮。令袁阿姨惊讶的是，在邮轮上，花甲之年的自己并不算老，那些来自美国、德国、英国等国家的游客多数都有六七十岁了，依然极具冒险精神。

南极海域风浪极大，气候变幻莫测，因此“乌斯怀亚”号防范严密，到处都有护栏，防止风浪大时把人从床上、座椅上甩出去；所有的家具都很沉重，不会轻易滑动；所有柜门外都有插销，规定无论何时插销必须插好；水龙头自动回位，即拧动水龙头时出水，松手时水龙头自动关闭；走道护栏上挂的尽是呕吐袋，方便客人呕吐时随时抓取。“看那场景，即使你不晕船也想吐了！”袁阿姨笑道。

数千公里的航行中，即便在路过风浪极大的德雷克海峡时，袁阿姨也没有呕吐。倒是媛媛吐得一塌糊涂，不是因为风浪，而是天生晕船。恰逢南极的夏天，天气极好，总体来说风平浪静，气温也始终保持在零度左右。阳光非常强烈，有的地方居然比冬天的北京还暖和！所以母女的行头竟然是一路行，一路“脱”，最开始时保暖衣裤厚实到令自己弯不下身，到后来仅是一套普通的羽绒冲锋衣加防水衣裤便足以抵御南极的严寒了。

在南极

2月29日清晨，袁阿姨在邮轮的音乐声中醒来，媛媛拉开窗帘，惊呼：“外面好多冰山啊！”果然，湛蓝的海面上漂浮着大大小小的浮冰，巨大的冰山呈现出千变万化的冰雕形状。云彩变幻莫测，一束束光线突破云层投射到冰山上，又被反射出彩虹般的光彩，如此纯净，却又如此瑰丽斑斓。梦中的南极，就这样猝不及防地扑面而来。

10天中，每天2次乘坐皮筏艇登陆南极。她们看到了憨态可掬的企鹅、贼头贼脑的贼鸥、笨拙却机警的海豹，还有瘦小而苍绿的地衣，一切都显示着生命在地球尽头的顽强与坚韧。

最出乎意料的是，南极居然还可以游泳！Pendulum Cove是南极奇幻岛下面的一处海湾，山体与海滩上的沙子皆是黑色，当导游把温度计插入沙子，温度显示为60多摄氏度，而海水也泛着氤氲热气。于是媛媛迫不及待地穿着泳衣跳入海水，却是针刺一般寒冷！原来，尽管沙子的温度高，但海水中因为有大量浮冰，温度依然是零度左右，于是她只好跑回岸边趴在沙子上取暖。

登陆Danco岛的时候，袁阿姨也以花甲之龄加入爬雪山的队伍。山上雪深及小腿，每个人必须踩着前面人的脚印前进。由于她是最后一批登陆，拍照又耽误了时间，登山时几乎落到最后。雪山上，她深一脚浅一脚地走着，路越走越陡，必须用脚后跟在前人脚印上使劲蹬出一个坑来让脚站稳，否则随时有可能滑落到雪山下。冰天雪地，四顾白茫茫如万古洪荒，一瞬间感觉到担心：万一被遗留在冰原上会怎么样？万一跌落到冰崖下怎么办？正当犹豫时，不知何处出来一只小企鹅，摇摇摆摆急促地往山上走，那姿态真是既可笑又可敬。为了生存，它们每天不知要爬多少回雪山？被小企鹅激励着，袁阿姨一步一步登顶。

那是怎样一种风光？恰是阴天，海面像水银一般宁静，云层徐徐聚散，冰川肃穆，雪山苍茫沉默，四周寂静得仿佛时光凝滞。她被一种寂寥的幸福震撼着，为了地球上这片最后的静美，甚至觉得自己的到来是种错误。

“南极太美了！”袁阿姨叹惜道，“我和女儿不会再去南极了，自私地说，我们也不希望有人再去。希望那片雪域不再被人类的贪欲破坏，静好如初！而这是每一个踏上南极的人的心愿。”

◎王莹莹

天使的美意

关键词：母亲 记忆 天使

我小的时候，每次去同学家玩，总觉得别人家的菜比我家的好吃，我就觉得我妈炒的菜是最难吃的。我上初中的时候，班上几乎有一半的同学裤子上都打着补丁，我不好意思去上学，倒不是因为我的膝盖上也打着补丁，而是我觉得我妈补的补丁是全校最难看的。

其实我妈挺不容易的，她十几岁离家上学，一度是学校排球队的主力，风风火火的。后来知青下乡，她从大城市来到我们这个小县城，进了工厂上班还总当车间标兵，为挣朵大红花，她恨不得全身心扑在车间里忙工作。她能炒个菜，还能学会打补丁，已属不易，而我却总是挑剔。那时候我还小，不懂事。

后来我长大了，还是不懂事，我挑剔得更厉害了。我觉得她洗碗洗得不够干净，择菜择得不够仔细，穿着打扮时常爆个冷门，要么邋遢、臃肿、随意，要么忽然穿得大红大绿显得太过洋气。尤其是出门做客的时候，我都无法预测她将穿一件什么样的衣服去赴宴，导致我有时候会专门提前赶回家，从衣柜里帮她选件比她自选的更合适的衣服。

我小时候，我们那条街上的孩子最羡慕我和妹妹，因为只有我妈才和我、妹妹一起丢沙包、跳橡皮筋。别人家的妈妈从不这么夸张。我妈呢，大大方方陪着我们玩，就在人来人往的街边。她跳橡皮筋的动作矫健、泼辣，成绩斐然到我和妹妹望尘莫及、顶礼膜拜的地步。然而，她并未收获赞美，因为我听信了邻居的嘲讽，觉得像我妈妈那个年纪的主妇，居然在街上和小孩子一起玩，实在不是一件光荣的事情。随后，我对和我妈一起跳橡皮筋这件事产生了反感。我重新开始审视她，觉得她应该像那些大婶大妈一样，学做米酒、酱菜、腌菜、腐乳，学纳鞋底、补裤子……总之，那时候，我丝毫没有珍惜她的活跃、朝气、豁达、热情。直到多年后，当她老得不能陪我的孩子一起跳橡皮筋了，只能认真地站着，用双腿当孩子的橡皮筋支架，我才知道，多年来，我错失了什么。

和所有老去的母亲一样，她的头发变得花白。她有时去理发店染发，头发黑黝黝的，黑得那么假；有时听说染发剂对人有伤害，又任那花白的头发继续从染过的头发中生出来。她时常忘了关液化气灶，我提醒100次，她忘100次；她时常丢钥匙、钱包；她时常错把打给我的电话拨给陌生人，她背我的手机号总是背得那么正确，拨打时却时常出现误差……我为她带给我的诸多小麻烦头痛欲裂，希望她能改掉一些恶习，比如将一个喝完的饮料瓶子一直拿在手上，顺手还会再捡几个；比如不上医院，擅自在药店买那种厂家不明的药；比如明明需要一瓶洗发水，却从超市买回一瓶浴液，在我去她那儿偶然发现之前的几个月，她都是在用浴液洗头发。

每当这些小问题出现，我都会在反复叮咛后失去耐心，觉得无法和她沟通时，开始和她争吵，直到有一天，她忍无可忍，大声地对我吼道："你是我妈，还是我是你妈？"

我反思自己陷入了某种有恃无恐的误区。我敢于如此挑剔和粗暴，是因为在这个世界上我害怕得罪很多人，却不害怕得罪她。无论我和她以怎样的方式说话、争吵，她都不记恨我；无论我有着怎样的过错，她都轻描淡写地接受并原谅；无论我多么自以为是，她都只是说，好吧好吧，是你对了。

“我之所有，我之所能，都归功于我天使般的母亲。”这句话是林肯说的。

记忆总会不断地倒带，倒回很多年前。雾气蒙蒙的冬天的早晨，她骑着自行车去上班，自行车的前杠上坐着我。厚厚的积雪，寒冷的风，她那么努力地蹬车，嘴里呵出的热气温暖着我的后脑勺，那时候她是天使；西河上的小木桥被洪水冲断了，她拎着鞋子，将裤脚高高挽起，背着我蹚河去对岸，送我上学，那时候她是天使；我病了，住在医院里，花了她很多钱，耽误了她很多时间，她不断地和同事商量将白班换成夜班，可她对我没有一句怨言，那时候她是天使；她用买一盆鸡蛋的钱为我买了一副跳棋，惹得我奶奶数落了她好几天，她无所谓地笑着教我下棋，走四步连跳，那时候她是天使；她用烧红的小锯条神奇地接好了我断掉的塑料凉鞋……那时候她真的是天使，神通广大，有求必应，不畏艰难险阻。

现在她老了，是一位老去的天使。她穿过车水马龙的街巷，蹒跚负重而来，且记不得抬手就能按响门铃，在门外执著地敲门。我开门，看见她气喘吁吁地提着一袋泥土，她说花盆里的土要换了，不然她帮我种下的那盆虎耳草就长不肥了。于是，她跑到一片肥沃的菜地里去挖了土来，兴致勃勃地指挥我将几盆瘦弱的花草搬到楼道里，她开始摆弄起来，一趟趟进出，找工具，舀水出去……一小时后，她心满意足地离开，好像完成了一件特别重大的事情。而我无比沮丧，我的计划被她的到访打乱了。她走后，我不得不开始清理那些小铲子、起子等，清洗，擦干，归位；接下来开始清扫楼道，清理房间地板上散落的泥土，清理卫生间，清洗她浇水用过的塑料壶。

她时常来敲门，有时候跑来只为从我这里寻找一个适合她腌蒜薹的玻璃罐头瓶子；有时候是她买了某种特别新鲜的菜，她吃不完，送一点来给我，她不进屋，递给我，转身就走……她不断穿街越巷而来，除了周末的家庭聚餐外，她停留的时间都非常短，但她来得很频繁，以至于我都怀疑她到底来做什么，为了那点小事，值得跑一趟吗？

很多年来，我时常和她沟通不畅，那是因为我始终在顺着我的思维走。我忘记了天使有天使的美意，那是我这个凡人不留心体会就看不见的。

我就像她为我种下的那盆虎耳草，那盆君子兰，她把它们种在我这儿的花盆里，时常想起来，要过来看一看。她履行一个园丁的职责，即便老得上楼有点费劲了，还是在车水马龙中躲避着车辆一路蹒跚而来，施点肥，浇点水，换点土，搬动一下，因为那些花草是她种的，是她的牵挂。我不知道我这么理解是否矫情，因为我母亲向来都是粗线条的，她从不说爱，从不拥抱我，从不说过于亲昵的话语。

但我深信不疑，不管是她年轻时，还是已经老去，不管她对我做什么、说什么，都有着天使般的美意，从爱出发，从善意和关切出发，哪怕她从不说，哪怕我曾那么粗暴地对待她。

每年母亲节的时候，我的女儿肯定会抱着我的脖子，对我说："妈妈，母亲节快乐，我爱你！"

每年母亲节的时候，我肯定不会抱着我妈的脖子，不会对她说出："妈妈，母亲节快乐，我爱你！"但她肯定知道，因为天使们都善解人意，她自有她的方式和渠道，她比你更了解你自己。比如，这一天，当我去看望她，她肯定只会淡淡地问："吃饭了吗？"我会回答："没呢，就是过来吃你做的饭啊。"她就笑了。

◎周玉洁

人生孤独似云月

关键词：家长 小孩 玩耍

我爸我妈当年养我那会儿，根本不操心我的交友问题。

在我们那儿，一开门，必定有3个熊孩子正在追你家母鸡，还有两个小的一把一把地往嘴里塞你家的樱桃。而我爸我妈就抄起大扫帚，连我一起横扫出去："去去去，外边儿玩去。"

街上的熊孩子跟蝗虫群似的，所到之处妖风四起，别说大人了，连猫狗都夹起尾巴缩到窝里装死。

到了饭点，妈妈们敲着锅，或者干脆敲家里喂鸡的大铁盆，"丫蛋（小虎）回家来，赶紧的，麻溜的"，然后把熊孩子一个个扯耳朵拽回家。

熊孩子们是偷鸡摸狗、上房揭瓦的捣蛋鬼，也是互相抄作业的同盟军。若大家一起同邻街的小学生打过架，那更加了不得。江湖儿女情谊长，结拜啊，歃血为盟啊，在父母不知道的地方，熊孩子们活得可热闹了。

可现在的形势全变了。

每个孩子后面都跟着紧张兮兮的家长。一个算少的，俩算标配，三个四个很正常。

孩子小点的，爹妈要目光炯炯地盯着宝贝疙瘩，穿衣服脱衣服递水递垫子打伞，外加拉偏架。

有个不足一米高的小豆丁，发现别人捡的树枝比他的好看，勃然大怒，悍然咬了那个小孩一口。这还了得！双方的爸爸妈妈爷爷奶奶很快加入战团。两个孩子睡了一觉，发现自家大人还在吵。

真是人生孤独似云月，不吵到赢不开心啊。

孩子大点呢，家长更遭罪。现在的小孩营养好，跑得快，家长们能不能追上得靠人品。

“某某，给我站住！”这句话总被吼成各种方言在小区上空回荡。

专家说了，各位家长要学会放手，要培养小孩子独立。人家自己玩，关你们什么事？

冤枉死了，你以为家长们想掺和吗？电视广播，还有那万恶的QQ群，每天必发“各位群友请小心，某地出现拐孩子新招”。

谁都知道世界上有一种人，叫做智商低很自豪，平生不羁爱造谣。但身为家长的你敢冒险吗？就算周围安装100万个摄像头，我也不敢放小孩自己出去玩啊，一分钟都不行！

但孩子不干了，她被圈养得热泪盈眶：“妈妈，我想出去，我想跟小朋友玩。”

“好，咱出去找小朋友！”

我牵着她的小手，堆起最标准的露8颗牙的笑容，开始和人家爹妈套近乎：“您家孩子长得真漂亮！几岁了？多高了？在哪儿上幼儿园？看着和我家的孩子差不多，让他俩玩一会儿吧？”

遇到淳朴点的还好说，大手一挥：“去玩吧，别吵架啊。”遇到不爱说话的，人家就装没听见。

过了家长这关，小孩那关你以为很好过？不知道现在的孩子是不是被管得太狠，一个个逮到机会就有一样学一样。

“你要听我的话，我才和你玩。”

“别碰我的玩具！”

“你是谁，我不喜欢你！”

几次下来，我女儿迅速成长为一个脸皮厚脾气好的小孩。她见缝就钻，顺杆就爬，只要你和我玩一会儿，什么条件都可以。

我看得都心疼了，跟她商量：“我们回家好吧？让那小子一个人淘水玩吧，祝他早日把湖底淘干！”

我姑娘忽闪着大眼睛：“不，妈妈，我不想一个人玩。我很寂寞。”她像大人一样露出了无奈的表情。

我想我比她幸福多了，至少我在5岁的时候，是不明白“寂寞”这个词的意思的。

◎申　姜

寻回探索世界的乐趣

关键词：职业生涯 科学 体验 好奇心

十几年前，我开始了职业生涯。那时的我早上6点爬起来挤公交车上班，日子虽过得充实忙碌，却是被生活推着向前走，从未想过未来要怎样度过。

2004年，我在上海一家公司工作，每天的任务就是做PPT、陪客户吃饭、谈商务合作。有一天，我看着用来融资的PPT上庞杂的业务框架，内心忽然有个声音响起："这样的工作有意义吗？"

这个声音越来越强烈，没过多久，我就辞了工作，开始认真思考，对自己而言，什么才是值得去做的事。

在那之后，我去支教，去助学基金会做过义工，也尝试过回到商业公司，却始终没有找到坚持下去的理由。

直到我遇到了姬十三和他创立的科学松鼠会，他们让我领略到科学的神奇，也让我眼中的世界变得广博和精妙。"把科学带给我的美好分享给更多的人"，这个想法在我心里落地生根。从那时起，我成了一名科学传播工作者。

这些年，我们做过大大小小上百场科学传播活动，从F1合成材料到基因的秘密，从食品科学到核电安全……成千上万人因此获得了美好的体验，这让我觉得这一段生命非常有质量。

我很庆幸，因为这份工作认识了许多可爱的人。有一次做“世界地球日”的活动，我们邀请到了浙江大学地球物理系的肖安成教授。策划会上，我们聊起了地质，聊到了不同宝石在市场上的价格。肖教授说：“石头的价值在每个人心目中都不一样。上次我去夏威夷，背回来一块太平洋板块的火山石，它占了行李箱的一半空间。”他用手比划着那块石头的大小，“它有一亿多年的历史了，我把它放在办公室的书架上，每次看看，就觉得很欢喜。”看我们有点吃惊，他不好意思地笑了：“我家里这样的石头特别多，放在市场上卖根本不值钱，老伴也不太理解，但每块石头都有一个故事……”他在讲那些石头的故事时，眼睛闪闪发亮，露出像小孩子一样的神情，特别可爱。我问他：“您喜欢的东西和别人不一样，会不会觉得孤独？”他摇头：“怎么会，科学研究本身是很快乐的事，泡在实验室里，一天很快就过去了。”想了想，他又说：“你看微积分这个学科，当年牛顿和莱布尼茨创立它时，世界上能掌握的人也就几十个，可你看现在，它成了常识。当你沉浸在思维的乐趣里时，永远都不会觉得孤独。”

他的话我一直记在心里，觉得无聊时就想想这番话。有时候我们觉得不快乐，是因为忘记了这个世界还有很多未知的东西可以去探索。真正投入其中，就会体验到幸福。

受众的认可，也是自身成就感的来源之一。2009年冬天，我们在北京航空航天大学做科学嘉年华，那是国内第一个真正意义上的科学节。那时我们都年轻，经验不足，十几个人忙碌了两个月。活动开幕的那天早上，北京突然下起了大雪，我抱着对讲机穿过雪花纷飞的校园，觉得浑身冰冷。我特别担心会没有多少人来，毕竟这样的天气不适合出门。可当我进入场地，发现很多观众披着一身雪花在签到。活动开始，很多人迟到了，可半个小时之后，整个场地座无虚席，我坐在后面，眼眶湿润了。

科学传播活动只能算是半公益行为，很少有企业愿意支持。我们的观众深知这一点，所以他们给了我们非常多的爱和宽容。有时候麦克风不响了，或视频画面消失了，观众就静静地等着，从不指责我们。每一期的活动调查表里，都有观众向我们表示感谢。

有一次去中山大学做活动，有个小姑娘给我写信："半夜从实验室回到宿舍，觉得很辛苦，几乎有些撑不下去了。看到你们的活动海报，看到还有这样一群人在积极地传播科学，我又觉得做科研是美好的。"每次收到这样的留言，我都觉得这份工作特别值得。

无论是唤起人们的好奇心，重新寻回探索世界的乐趣，还是多掌握一些科学思维和方法，更接近未知世界的真相，科学传播无疑是有意义的。我们所做的很多工作，当时看不出改变了什么，但一年年的积累带来的变化却是清晰可见的。在任何时代，科学都不太可能成为流行事物，但这些年过去，一些常见的错误观念渐渐被修正，一些科学理念渐渐被接受，科学正在走入大众的视野，这就是我在这段岁月中最大的收获。

◎王丫米

辞职弃学去旅行

关键词：辞职 旅行 自由 平衡

前不久，我与前老板有过这样一段简短对话。

老板："最近怎么样？"

我："不怎么好，我又想去旅行了，不想上班。"

老板："能afford（承担）吗？"

我："你说钱吗？"

老板："我说的不是钱，我是说你一次次出去，终究每次都要回来，你如何处理一次次与现实的再次融合。"

在目前这个压力巨大的时代，每个年轻人都自命不凡，都觉得自己有两把刷子，不该无奈地坐在小格子间里填破表格，做没完没了的PPT。要做，那也必须有高额的加班费、无限制的打车费、一年20天的带薪年假外加各种诱惑才能体现出自己的价值。否则便觉得生活是暗淡的，没有希望的，自己的光芒是未被发现的。于是，每当有人环游世界，或是出去个一年半载，还能幸运地红极一时时，便觉得自己也该拥有那样的生活。媒体也越来越多地展开极端宣传，比如人活着就是要看看这个世界，不去旅行你会觉得世界只是你眼前的这个样子等等。这些话都没有错，但是到了还没有经历过生活历练、没有一点点事业和成就的年轻人身上，便滋生了蛊惑的味道。

去年5月去台湾签售《从北京到台湾这么近那么远》回来，我换了更好的工作，所有人都觉得我太幸福了，要什么有什么。但是我发现，在过去长达几个月的时间里，我没有办法将注意力放在工作上，或者说我没办法把眼前每天的现实与在外旅行的各种豁达、自由、无拘无束串联在一起。收放自如、能屈能伸这样的话对我显然失去了作用。开始我以为是工作本身的原因，可是仔细想想，目前的工作量比以前轻松很多，环境也更加自由开放，这都是我以前想要的，但是到手之后我为什么会变得不快乐？现在我突然明白，是我没有afford起旅行的自由与现实的束缚，一意孤行地认为现实也应该是自由的，而我的价值就应该是旅行时展现的那样。于是，我一次次动了再次出发的念头。但是每次回来并不觉得这些旅行缓解了什么，反而是加重了些什么。看起来，我依然没能平衡这一切。

旅行实在是一个容易让人心智涣散的方法，散出去容易，收回来可就难了。所谓旅行的意义，看看世界的意义，真的有那么大吗？

需要afford的似乎并不只是这些，对于年轻人，还包括自己的职业生涯。职业生涯似乎是个很俗套的词，很多新新人类相当唾弃，觉得自己玩回来一样可以继续工作，于是gap year（间隔年，年轻人在升学或者毕业之后、工作之前给自己一个空档年做一次长期的旅行，通常是一年）这个词备受推崇。每次我想到这个词总会有些紧张，我其实更喜欢“间隔月”的方法，因为：一来没什么大刺激需要让你用一年来调整；二来对于工作5年以内的人来讲，不断花钱毫无进项，不用1年，3个月你就慌了；三来对于职业生涯来讲，过长的断层会让身心不在状态，对行业的人脉关系与业界动态发生严重断层与陌生感。

这背后有一个隐秘但很犀利的逻辑：工作开始时月薪平均是税后3000元左右，好不容易历练了一两年可以有一点升职加薪了，但是你离开了整整1年，市场会让你之前的努力几乎归零。当你再次回来的时候，好的话能加1000元钱，坏的话只能找一份月薪3000元的工作继续做。攒了半年攒出18000元，一出门机票签证先干掉6000元。如此循环，你的旅行永远是"穷游"。这没问题，问题是你是否有梦想带上养育你20多年的父母也来一趟旅行？但是你舍得让他们也跟你去住1美元的旅馆或是吵吵闹闹的青年旅社6人间吗？如果有一天父母有什么愿望，你是否有多余的人民币，来做一点哪怕微小的支援？

我记得小S微博里的一句话，大约是她刚奢华地带着全家人旅行回来，她说："我每天很努力地工作，所以我值得拥有这样美好又温馨的旅行！"

1966年出生于美国纽约州的郭怡广自幼酷爱音乐，曾学习钢琴、大提琴和小提琴，16岁开始练习吉他。1988年，他和丁武、张炬一起组建了后来轰动中国摇滚乐坛的唐朝乐队，2010年6月21日出任百度国际媒体公关总监。他说："人应该有一个vocation（事业），更要有一个advocation（爱好），最最重要的是，要知道两者的区别！"

这才是我们应该推崇的人生。不是非A即B的极端，也不是放弃A奔向B的逃避。

有一天，我们都要回来。你并没有甩掉这个让你不满意的世界，而是这个世界甩掉了喜欢逃避的你。

◎一直特立独行的猫

两辈子一起活

关键词：树 枝叶 树根 春天

每棵树身上都有两辈子，它们把两辈子放在一起活。

树的枝叶果实是它的青春。阳光均匀地涂抹在每一片叶子上，同时没忘记晒红苹果的脸。树叶有青春的好奇心，会用手掌捧一只毛虫看，看它慢吞吞爬向树干。树在夜风里丢弃了睡意，计算风吹落了多少颗露珠；听河流莫名其妙传来跳水声，好像苹果连夜逃逸。树最喜欢星星，以为那是天空密林上挂的灯笼。这些灯笼时隐时现，好像往人间传送神秘的灯语。灯笼旋转，东方出现鱼肚白时，一盏盏熄灭。

根是树的暮年。根在黑暗里呼吸，呼喊水的名字，它的邻居是昆虫。根的世界叫做土壤，正如树的世界叫空气。树根熟知土的话语，它们常说的词汇是紧密、湿润、水和干涸。土是大地的躯体，大地的臂膀、肌肤、内脏和灵魂全是这一层厚土。土做的砖，土垒的城墙，根在土里活了一辈子，就像树的枝叶、果实在阳光和空气里活了一辈子。

树根比老人的手还老。树根何止吸收水分，它要牢牢抓住土地。从树冠传来的风的力量扭动树根，根而非树干在与风角力。徐志摩说“风不知从哪个方向吹来”，根也不知风从哪个方向吹来，为什么要撼动树。树根在与风的角力中得到大力士的称号，它的手像铁匠一样骨节突出，或者像一只放大的鹰爪。悬崖上的树，根比鹰爪更坚利。它们用根抓住岩石，用树枝抓住风，争夺一席阳光。

根没见过阳光，一辈子从未见过太阳的模样。树叶把太阳的能量源源不断传输到根须，根感到阳光是让躯体膨大的力量。根想象阳光是一片水，淹没了大地，如金针刺破所有屏障。根看不到光的亮，却感受到它在奔跑。阳光在树的脉络里跑得比水分还快。阳光像海水那样一波一波涌来，送来“粮食”和热量。

树活两辈子。树叶是树的孩子，根须是父母。父母在泥土里当地基、当抽水机、当风的对手。根须其实不懂树叶的快乐，也不知果实的滋味，只习惯于劳动。叶子在风里簌簌唱歌，与小鸟捉迷藏。树叶向往远方，猜想地平线发生的事情。叶子甚至盼望秋天来到，让它脱离树干，在大地上奔跑。

根看不到树叶的足迹，果实被车拉到了远方。当光秃秃的丫杈落上一层冬雪时，根在寂静的土里深眠。冬天戒严了，水与昆虫都在休息，树的根须放松了筋骨。大地上的生灵在冬季休息了，冰雪让它们停止一切活动，全体护生。

树根在三个多月的睡眠后返老还童。春天的脚步先从昆虫的翻身声里发出，睡醒了，打听哪一天是立春。当春风摇动树干的时候，根须知道春天到了。根须一天被春风摇醒一百次，让它准备嫩叶、蓓蕾、树叶和花朵的衣衫。树根开始为儿女准备所有好东西。

树叶和花见到春天后开始歌唱，有合唱与独唱。歌声传到树根，树根不断把水送上去，让它们润润嗓子。

◎鲍尔吉·原野

远处的风景

我还好，我只需要步行十分钟就能去西河桥上看远山。一眼望去，很远很远的地方，在河流上游的尽头，连绵起伏的山一座比一座高，一座比一座远，那风景好得不得了，比一条河还长，比一座桥还宽……

太过喧嚣的孤独

关键词：孤独 隐私 喧嚣 自由

我想先问大家一些问题——

1. 你是否在过年的时候才发现自己不知道亲戚家小孩的名字？

2. 你是否在经人提醒后，才想起家人的生日？

3. 你是否在听到别人要结婚的消息后，第一反应不是祝福和喜悦，而是考虑包多少钱的红包合适？

4. 如果不看手机，你能背出几个人的电话号码？他们都是你的什么人？你们有多久没聊天了？

5. 你是否经常给“朋友圈”里的消息点“赞”，却极少夸赞爱人或母亲的厨艺？

6. 你是否曾经在“朋友圈”或微博上发布一条公开信息，只是希望某个人看到？

7. 你是否曾经在聚会中很想认识一个陌生人，最终却因为没有勇气而错过？

8. 你是否想过躲到没人的海岛或深山里，独自生活一段时间？

9. 你是否明知晚上的饭局或聚会很无聊，却还是因为担心别人说你不合群而参加？

10. 你是否发现自己的“朋友圈”加了好多不知道是谁的人？

11. 你是否觉得工作太多，社交活动太多，生活劳碌而不自由？如果给你一年的假期，没有任何人打扰你，没有任何经济上的问题，你最想做的是什么？

12. 想象一下：你已经七老八十了，闭着眼睛躺在一张摇椅上晒太阳，这时有脚步声响起，你希望此时出现的是谁？现在看看通讯录，里面是否有这个人？

13. 你是否想过，你真的有那么多朋友吗？你真的有那么多事可忙吗？很多时候，难道你不是为了社交而社交，为了避免独处而凑热闹？

我们生活在一个信息爆炸的时代，每个人都越来越看重自己的隐私，却也越来越喜欢在朋友面前表演，努力表现出自己活得很精彩、很有趣。而关上电脑和手机，却发现眼前没有一个可以真正说说心里话的人。

谈恋爱，现在极少有人会耐心地手写一封情书，织一条围巾了；交朋友，喜欢一上来就打探你工资多少，车子多贵，房子在哪儿……很少有人愿意了解，当这个人一个人待着时，是在看书、跑步、画画，还是不知所措，心烦意乱，只想快点扎进人堆里。娱乐的方式越来越多，但更多人越来越寂寞。归根结底，人本质上都是孤独的，所有的相遇不过只是缘分一场，就像两列擦肩而过的火车，每个人都有各自的方向。

下个周末，也许我们可以试试切断所有与外界的联系，跟自己单独相处一天，看看我们是否具有让自己快乐或平静的能力。

如何活得隐秘而自由，我想是喧嚣过后更重要的课题。

◎小岩井

有一个地方

关键词：社团 回忆 纯洁

十年前的华大（我的母校）人都知道东门外的陈家湾是如何的莺歌燕舞、灯火迷离，却少有人知道，近旁灯火阑珊处的大总统黎元洪墓是如何冷清。黎元洪墓旁有一个小操场，小操场旁有一栋老旧的居民楼，是林业勘察院的宿舍。

那时我大二，和几个小伙伴在母校创办了一个社团，吸引了来自武汉各高校的“奇葩”。我们邀请过不少武汉的名师免费为我们讲学，但如今我已记不清那些讲座的内容了。

我们租下了那栋老旧宿舍楼中的一间房作为成员活动的基地。那是一间灯光昏暗的小屋子，在二楼，墙上的油漆已斑驳脱落，厨房的窗户破了，洗手间的门和马桶偶尔会坏，客厅里隐约飘着一股怪味。

那年圣诞节，城市在狂欢中膨胀，我们从武汉的各个角落赶往那处僻静的小屋，直到深夜，十多个人才聚齐了。允许我隔着时空来描述那一幕泛黄却依然鲜活的场景：本校影视戏剧系的“师爷”在厨房里拿着菜刀一边切萝卜，一边和历史系的小师弟讨论《易经》，这位“师爷”在校内很是风骚，总是一头长发，穿着中山装、黑布鞋在校园里招摇，他喜欢钻故纸堆，文言文说得利索，是我们当中的第一“奇葩”；客厅里，怀揣着导演梦的影视戏剧系师兄正在吞云吐雾，坐在他对面的是从某高校退学后在华大周边创业的家伙，他在我们当中最有领袖气质，所有的活动都由他发起和组织；左边的小房间里，心理学系的小男生正在和小师妹聊天，大家都知道他喜欢小师妹，唯独大一的小师妹一无所知；另一个房间里，我和来自中文系的摇滚乐手兼小说作者师兄，还有从武大医学院退学写小说的某某，我们三人正在聊某个外国小说家。那时候我正迷恋爵士乐，房间里音响的声音开得很大。

厨房里，“师爷”的萝卜火锅炖得香气四溢的时候，武大经济系的师兄拎着一只腊猪蹄来了，那是他去山区做调研得来的。历史系的师兄带来了二锅头和凉菜，理工大艺术系的才子姗姗来迟……主角都悉数登场了。偶尔，我们也会带来一些不三不四的家伙，但他们都是过客。

记得那天来自云南的小师妹做了青椒炒番茄，又撒了辣椒粉，我们笑称有一股蛮夷味儿。来自东北的师兄掌勺的是酸菜炖粉条，那汤喝一口能酸掉牙。即便如此，我们围着长方形的桌子，一会儿就将杯盘碗碟一扫而空。

酒足饭饱后，我们开始了例行的讨论会，那天的主题挺文艺的，是《红楼梦》，但说着说着就跑题了，大家便分成几小拨儿聊。直至夜深人静，有人困了，在沙发上趴下了，划拳输了的人去洗碗、拖地、收拾垃圾。凌晨两三点，出门丢垃圾的人回来报告：外面下雪了。岂能错过这雪夜？几个已入梦境的家伙硬是被我们拉起来，小师妹裹上棉被，我们穿过小操场，来到黎元洪墓旁。圆形的总统坟冢已被积雪覆盖，远处是平安夜彻夜狂欢的灯火，唯独这一处墓地无比静穆，大家心里似乎都有什么东西在涌动着。摇滚青年跑回去拿来了吉他，即兴来了一首摇滚版的《童年》，然后大家一起哑着嗓子唱《国际歌》，这是我们每次聚会都会唱的歌。

小师妹扔掉棉被，拉着我的手在雪地里跳舞。有人变魔术般地从大衣里拿出一瓶二锅头，男生们轮流喝上一小口。也不记得在墓旁逗留了多久，直到我们再也找不出一首歌可以大家一起唱了……

那样的夜晚有很多个，那种气氛很迷人：空气中满是青春的荷尔蒙，但每个人都是无邪的，每个人都是其他人的兄弟姐妹，每个人都能感受到来自同类的纯洁的陪伴。

我们的社团活动持续了一年。很快，师兄们都毕业了，一入江湖深似海。后来的事，就是大家都会经历的了。

十年，足够大部分人成长为社会这张大网上的一个普通的编织者。如今，有人成了公务员，有人仍在做"北漂"追逐梦想，有人出了国，有人进过监狱，有人成了圈内有名的记者，有人成了作家，一部分人结了婚有了娃……时间已让我们的气息变得复杂，或者面目全非。但从这些人十年的轨迹来看，青春期的某些东西，比如对生活的热爱，对精神世界的向往和追求，还是在大部分人身上保留下来了。

十年后，我和几个志同道合的朋友创办了一个真正的艺术沙龙，完全是机缘巧合，发起人中有音乐人、画家、哲学教师、修行爱好者、媒体人……我们每周举办一期公开的公益沙龙活动，很多人来了，很多人走了，大浪淘沙般最后留下来的几个人，一如我当年的小伙伴。我们围坐在火锅旁，感受到的是来自同类的纯洁的陪伴，这让人觉得，这个世界上真的有一些东西可以抵御成长带来的深深的孤独感。

我其实从未想过今日的我与大学时代的我有什么共同之处，也从未想过这个艺术沙龙和当年的社团是否一脉相承，只是有一次我们围着火锅吃年夜饭时，我看着伙伴们通红的脸，突然想起了当年，想起了那些更年轻的小伙伴，他们如今都在哪里静静地步入中年呢？我无法抑制地想念他们。

现在已经是微信和陌陌的时代了，我终究还是没有去他们的世界里把他们打捞出来。

◎秋 子

铁轨上的记忆

关键词：远行 火车 求学 旅途

一开始，我们坐火车，是去离我家60公里的马圩子。

马圩子是我奶奶的娘家，隶属颍上县，坐汽车太周折，火车票又便宜，遂成首选。

去马圩子要从板集站下车。从阜阳到板集的火车有两种，慢车两块钱，快车三块五，就那么点儿路，时间上差距不大。所以我们有时候坐快车，有时候坐慢车，那条线上车次不少，赶上哪趟坐哪趟。

与穿街过巷的汽车不同，火车远离街市与人群，窗外总是广袤的原野，或绿或黄，或有河流蜿蜒向晚，或有豆秸捆扎成一簇簇，躺在地头田间……无论哪一种风景，都永远有一棵树，远远地站在车窗取景框里。

它离群索居，不似谁刻意栽种，像是小鸟偶尔衔来的一粒种子，丢在这里，便跟小麦、大豆一起生根发芽。当大豆停止生长，小麦的腰被麦穗坠下，它依旧不断地向上，最后，站立成了这样孤独、美丽又骄傲的一棵树。

我喜欢那站在远方旷野上的树，不管它们是冠如华盖，还是只有闪亮的枝丫光秃秃地刺向天空。

17岁的远行

第一次坐火车出远门，是去重庆。

17岁那年夏天，我的一篇作文得了华东六省一市作文大赛的二等奖。老师带着我，去现在为建三峡大坝已经淹没的奉节老城领奖。

我自小在皖北小城长大，位于四川盆地的奉节，于我如同崇山峻岭中的一颗明珠，未必特别美，却是我有生以来第一次可以触摸的远方。我知道路程漫漫，此行必经辗转，可是这辗转对于一直困囿于小城的我来说是那样过瘾，那样奢侈。

火车在深夜里铿锵向前，在清晨把我们带到漯河，我们要从这里转车去郑州，再从郑州转车到重庆。这是一个普通的地级市，我以前单知道这里出火腿肠。在清晨的雾气中走过月台，火车站外喧嚣、杂乱，人人看上去都很可疑，但我还是非常兴奋，所谓远方，不就该是这样潦草凌乱吗?

我在火车站门口买了一串香蕉，回候车厅时，被一个卖水果的妇女喊住。她问我香蕉多少钱，我如实回答。从她似笑非笑的眼神中，我知道我被宰了。

甚至被不伤筋动骨地宰一下，都是旅途风味之一。

从郑州到重庆要30多个小时。夏天，没有空调的硬座车厢里坐得满满当当，那滋味想来不好受，现在却全无印象。那列火车经过洛阳，离开河南，从陕西南部的丹凤一带擦过。进入秦岭，眼前便不时一黑，车厢顶上的灯光亮起，车轮碾压铁轨的声音格外沉实，是进入了隧道。

无尽的隧道提示着无尽的山岭，起初兴奋，久之疲惫，耳朵里有了幻听，但渐渐地，还是伏在小桌上睡着了。

我们是在夜晚抵达重庆的。火车缓缓进站，我贴着车窗看山城的灯火辉煌，像是一幅顶天立地的布景，自上而下，错落地镶嵌着七彩宝石。那极富层次感的美，宛如另一个世界，让来自小城的我唯有目瞪口呆的份儿。很多年后，我再去重庆，朋友特地带我去看山城灯光，驱车行了老远，终于到了一个传说中的绝佳地段。

灯火确实漂亮，可也就是漂亮了，没有当年那样一颗宣纸般善于吸纳晕染的心，再美的风景都像油纸伞上的水滴，融不进分毫。

年轻的时候，心是那样敏感，都不用看到火车的伟岸身影，隔着千家万户传来的一声长鸣，都能让我心旌摇动。和很多人一样，我在18岁时前所未有地渴望离开小城。夏末清晨，席子已不再燠热，半梦半醒之间，总有一声长鸣穿越小城的雾霭，穿越无数混沌梦寐，落到我的枕边。

火车站和我家位于城市两端，可我真的听到了那声鸣笛。是清晨特别安静吗？还是那时候的城市还很静？我闭着眼睛，想象那车上的人，这个时候，大部分人都睡着了吧？明晃晃的白炽灯下，他们伏在小桌上，车身晃动，他们睡不安稳。也许有人已经起身，火车就要到站，他们站起来够行李架上的大包小包。有的人开始洗漱，有的人直接睡眼惺忪地站到了车厢连接处。

车到站了。这样早，人不会多，谁的扁担碰到了谁的肩膀；谁站在雾气弥漫的月台上茫然四望；又是谁坐在窗口，望着站牌上的地名发着呆，他也许一辈子就这么一次路过这个地方。

不管是哪一个人，都是我羡慕的对象，我多么希望自己就是那个乘着火车去远方的人。就算不能，做个列车员也很好，生活时时刻刻都在移动，看见不同的人与事，那样的一生多像一场没有终点的旅行。

求学之旅

终于可以离开，去上海的一所学校读书，只不过一开始，我爸没打算带我去坐火车。邻居叔叔去上海出差，单位有顺车，正好有两个空位。

但人算不如天算，我以前很少坐轿车，不知道自己晕车晕得那么厉害，才出城不久，我就感到胃中有异物上涌。下车，我扶着一棵树，搜肠刮肚地吐，吐完上车，略好一点，行了百余里，胃中又是一番悸动……我爸怕耽误那个叔叔的时间，让他们先走。等我吐完，他带我坐过路的大巴到离那儿不远的蚌埠，那是交通枢纽，去上海的火车应该很多。

果然赶上了一班过路车，车厢内却是平生未见的拥挤。座位底下躺着人，厕所里站着人，多是农民工。不可思议的是，每当列车员推着小车走来，人们居然还能腾出一条过道。但那些踩着座位边缘、手抓着行李架将“领空”也充分利用的人，还是激怒了那个文着褐色眉毛的列车员，她大叫：“赶紧下来，瞧你们跟个壁虎似的！”丝毫不去想，正是她一次次地通过，把人家逼上去的。

起初，我和我爸也被挤得动弹不得，我爸还得护着身上的学费，我们俩都很紧张。

入夜，人们松弛下来，不知道是不是因为这松弛，竟然使车厢显得略微空荡。我和我爸还是站着，却能放松地聊点什么了。

凌晨5点，我们下了车。我爸让我在站前广场等着，他去买返程车票。奶奶身体不好，他当晚得赶回去。

我守着行李，眼前是鸦青色的天，浮出点亮光，天空下绘着摩天大厦。小城里虽然没有这么高的楼，但我在电视上看过，倒不艳羡，只觉压力迫来。冰冷的铅灰色的压力像辐射一样，从钢筋水泥的缝隙里放出来，我心里突然没着没落起来。

到了学校，办完入校手续，来到指定的宿舍。宿舍里有两个女生，都比我大，据她们介绍，还有一个女生上街去了。那两个女生很热情，我爸也很高兴，跟她们介绍我的情况。他一高兴，嗓门就特别大，那口阜阳方言就特别刺耳。那两个女生倒不觉得有什么，跟他聊得很是投机，但我却看见，出门的那个女生的铺位上，挂着一条黑色的裙子。

黑色裙子的领口与腰间都有黑色的蕾丝花边，它的主人一定是个特别洋气的女子吧?

她快要回来了吧? 她会不会看不起我们? 不是我虚荣，我来这里是要赤手空拳给自己打一片天地的，从一开始就容不得一点闪失。

我催我爸快回去。我爸只管帮我挂蚊帐，铺被子，我再三催促，他方才离开。临走时，他把口袋里的钱掏出来，留下50元钱，剩下的都给了我。

那天晚上，我站在宿舍里，对着窗外的夜风哭了。那两个女生以为我想家，劝了我一会儿，却不知，我当时的感觉极其复杂，有对我爸的负疚与担心。看时间，他已经上车了，有没有座位? 一夜未眠的他能睡上一会儿吗? 还有对异乡的恐惧，对未来的不确定。我不知道这条路是否走得通，若不能，怎么对得起我爸的这番辛劳? 我并没有准备好走回头路。

我在很久之后才知道我爸回去时的情形。

返程倒是有座位，他一上车就趴在桌子上睡着了。正睡着，感到有人在翻他外套的口袋，他明白是小偷，却连眼睛都懒得睁。那50元钱，他装在衬衫口袋里，隔着毛衣和外套，小偷得不了手，要翻就随他翻去吧。

我爸闭着眼睛，又睡着了。

后来，他写了篇新闻稿，叫做“哑巴车上小偷多”，因为车上也没有广播提醒。稿子发在报纸上，跟我说这事儿时，他呵呵笑着，说是把车票钱挣回来了。

读书那几年，我经常坐火车在阜阳与上海之间往来。火车逶迤，由东至西，窗外风景转换，从江南的乌柏树到淮北的小白杨，从不能洇湿肮脏车窗的杏花雨到三尺之外触手可及的红月亮。我在火车上看风景，感受故乡变远而异乡变近。时代与列车的脚步都在加快，有谁能停下来？让我住在过去的灵魂追上我随波逐流的身体。

◎闫　红

穿冲锋衣的宅男宅女

关键词：城市 户外 冲锋衣 宅男

最早知道冲锋衣，是从电视和报纸上。那些专事探险或登顶高峰的人们穿着或红或蓝的鲜亮衣物，背景总是茫茫白雪，解说词里也总有洋洋喜气。

慢慢地，即使没机会参与定向越野或徒步暴走，生活里以户外运动装束出没于寻常街头的人却大有增多之势，就连我们这样传统保守的家庭也忍不住跃跃欲试。我丈夫忽然就成了冲锋衣爱好分子。

去年冬天，收到某商场周末促销短信——某品牌冲锋衣六折起。要知道，这个品牌牛哄哄的，基本上从不打折——即使整个商场都挂着满400减200的折扣海报时，这家的导购员也是托着下巴，神情傲然。于是，周六，一家人急吼吼地奔赴现场。

那天的情形实在搞笑：坐自动扶梯曲折抵达户外用品所在的楼层，就看见一大群色调极其统一的人——全部穿着各式冲锋衣、冲锋裤以及户外防水登山鞋，像一小群特种部队战士，围在一堆打折品旁，热切翻找着自己需要的尺码。

我丈夫在试穿一件外套时，另一位男士显然也正在斟酌，并且在同一款式的灰蓝和艳红之间犹豫不决。看上去，他对那件艳红的更为满意，因为穿衣镜前，他穿着那片鲜红，已经前前后后端详自己好一阵子了。多少次，我感觉他吩咐营业员下单的话就快要脱口而出——就在那关键时刻，他老婆弓着背、猫着腰，牵着一个小孩，从隔壁阿迪达斯柜台貌似匍匐过来，抬起头扫一眼，立刻大声呵斥道："你也不出门，天天就坐在办公室里，搞这么鲜艳的颜色，不怕晃着同事眼睛啊！"

我当时真想不厚道地大笑——其实他老婆的训示倒揭示出大部分冲锋衣的寂寞归属——来买冲锋衣的人，不排除他们中的一些即将或已征服一些探险胜地，驴行穿越荒弃的古栈道之类，但更多的人，穿着具备防水防风导汗保暖功能的冲锋衣日复一日出没于一写字楼狭小的格子间，水渍斑驳的菜市场，怨声载道的银行，以及，一个又一个油腻腻的饭局之间。

同事是位瘦小文静内向的女孩，有一天，她收到一个巨大的包裹，一群热心人即刻上前围观，我听到她在包围圈中心低声解释道——是网购的帐篷和冲锋衣。

同学叶子，喜欢深宅在家里做自己喜欢的手工，但，和其他安静的手工爱好者的区别在于——她总是穿着冲锋衣踩缝纫机。

是不是每一个身穿户外冲锋衣，袖口魔术贴紧扣，内置式帽子总缺少一个足够的理由打开，待在恒温环境之下的城市宅男宅女，都在以冲锋衣这种形式向忙碌的生活表明，自己拥有一颗向往远方的心？

◎江小财

远处的风景

关键词：乡下 风景 楼房 焦虑

单位搬迁后，我每天行走的路线变了，一路上除了车、人、楼房、广告牌和绿化树，再没有别的风景。

途中没有桥了，也望不到远山了，没有桥下的河水，没有小公园的花卉和高大的香樟、白杨、银杏、垂柳……我失去了上下班散步的兴致。

马上要过小年了，雪还没下，干巴巴的冷。朋友的一帮熟人在山里被大雪封住了去路，因为没带防滑链，几辆车陷入了困境，正紧急电话求援。我诧异，莫非雪已经下了吗？

雪已经下了，只不过我途经的路线中没了那座桥，于是我失去了每天好几趟路过西河桥时瞥一眼远山的机会。以前我不必刻意去看风景，风景就在眼里。我只需朝前走，女贞、白杨和香樟就在我身旁的路上尾随。走上大桥的时候，我的脖子随意一扭，就能看见宽阔的河面和伸着细长的腿杆儿走猫步的水鸟。我再用眼睛顺着河流的走向，就看见郁郁苍苍的远山。

只有在桥上，风景才被空出来，楼房规规矩矩躲在桥的两端，桥横在河上，就像一座长长的观景台。在这观景台上一边漫步一边赏景。风景一年四季变换着颜色，清新婉约、空阔的河面是这景上碧绿的留白。山不动，河水动；桥不动，人在走……一天有了那么几趟，就够美好半天了：有风拂面，有水汽滋润，有鸟叫悦耳，有花和树的芬芳养心神。山里的雪总是比城里的雪来得早，过桥的时候朝着视线的尽头扫上一眼，山坳里皑皑的白就告诉你：雪来了，在山里正下得欢。

走过桥搭的观景台，风景就逊色得不像个样子了，一条条“车河”轰鸣着在水泥路面上翻腾流淌，或疾驰或停滞，优柔寡断却来势汹涌；一座座灰白色的“楼山”密匝匝布成了森林，通体冰冷而线条僵硬。

时常想把视线望得远一点，却总是被挡住，不是这座楼就是另一座楼；不是这条街的楼，就是那条街的楼。一天就这么几趟，就这么干巴巴地焦虑几回。

想起一个省城的朋友在电话中对我叙述她女儿治疗近视的过程。她带着女儿辗转北京、上海的眼科医院，最后得出了一个结论：说是只有坚持不懈的远望再加以治疗才能恢复视力。远望，我说那得望多远？她说她家在十三楼，对面的楼二十多层，近在咫尺，视线被堵死，根本望不远。我问那咋办，她说看车牌，每天不停地叮嘱女儿看车牌，距离她们三米、五米、十米开外的车牌……找那种离得稍微远点的景物拼命地盯着看。在路上走，时不时神经质地提醒女儿将视线探照灯似的朝着四面八方打，能打多远就争取打多远……我心里堵得难受，幸好她及时安慰我：“没事儿，周末的时候我们可以坐一个半小时的公交车去看山。”我刚要惊呼来回得三个小时啊，她就叹息道：“唉，基本上天天堵车，有时候去看一趟山来回得留出八九个小时，还得带着水和干粮。”

我还抱怨什么呢？还有什么资格在我视线的尽处幽怨？我想对她说，我还好，我只需要步行十分钟就能去西河桥上看远山。一眼望去，很远很远的地方，在河流上游的尽头，连绵起伏的山一座比一座高，一座比一座远，那风景好得不得了，比一条河还长，比一座桥还宽……不过，我终究没把这番话说出来，怕给她的雪上加层霜。

我只是真诚地发出了一个邀请："放假了带孩子来吧，我带你们去乡下，我们一起去看想看多远就能看多远的风景。"

◎周玉洁

城市的海

关键词：城市 灯光 黑暗 忙碌

如果在午夜时分走上高架桥，向远处望去，看着那些星星点点的灯光和无尽的黑暗，你会看到一片城市的海。这是我最近发现的秘密。

我总是坐着出租车路过那片城市的海，因为公司到我家之间要经过一座高架桥，而当我下班通常已是午夜时分。每到这个时候，我就会累得瘫倒在车里，思考我为什么要选择这样的生活。

一天早上，我收到父亲的短信，他提醒我那天是我母亲的生日，让我别忘记祝她生日快乐。我当即答应下来，看时间还早，就先去忙手头的工作了。谁知一忙就忙到了晚上。夜里，母亲的电话打过来了，她有些失望，幽幽地说："今天是我的生日，你也不来问候一下。"我立马就蒙了——我竟然忘了，而早晨我刚刚被提醒过。

后来我意识到自己不是忘记了，而是大脑被工作填满，再塞不进其他任何东西。又是午夜，坐在出租车上，经过高架桥时，我不顾司机的劝阻，执意让他停车。我走下车，站在桥上，望向远方。我想透透气，想知道这究竟是不是我要的生活。

然而当我一个人站在高架桥上，吹着风，我的疲惫和痛苦一下子被眼前这个像是电影里的场景化解了。我想这恐怕是一生都难得的体验，我站在桥边，看着我前面的这片海洋。远处的灯火明灭，像倒映月亮的波光，高楼组成的海平面隐没在黑夜之中，伸向了无限远的地方。

我在“朋友圈”里看到过一段“心灵鸡汤”：“只有在你工作堆积如山时，才可能享受闲暇。当你无事可做时，空闲就变得一点儿也不有趣，因为空闲就是你的工作，而且是最耗人的工作。闲暇和吻一样，当它被盗走之后，它的味道才是甜的。”

如果没有忙碌得让人发疯的工作，我可能永远不会在深夜独自一人站在高架桥上，也永远无法看到这片城市幻化成的海洋。

我至今仍相信出色的“心灵鸡汤”具有奇效，在人想不通、受不了、坚持不下去的时候，帮助人们维持生命的热情。但出色的“心灵鸡汤”又太少见了，因为它必须指向虚空，又必须实实在在；必须描绘出常人捕捉不到的心境，又必须说中人类共同的心事。

那天夜里，我有一种获救的感觉，身心也轻松了许多。第二天早晨，我给母亲打了个电话，向她道歉，又补了一个祝福。她很惊讶，也很开心，我们很久没有如此亲密地交谈过了。

所以我想，问题也许不是处于何种生活之下，选择任何一种生活都有可能失去它本身的意义，关键是如何面对它，如何看待忙碌和闲暇。一段艰苦的岁月可能永远是涩的，也有可能在某一瞬间变成甜的；隐藏在黑暗中的有可能是死气沉沉的高楼，也可能是一片城市的海洋。

◎草 威

说走难走的旅行

关键词：穷游 兼职 旅行 现实

穷游的人大致可分为两类：一类是压根儿就不缺钱，只是将省钱当成一种时尚和乐趣的“微服私访型”；另一类是恨不得将一个硬币掰成两半用，不省着花钱就随时有食不果腹危险的“难民逃荒型”。显然，黑皮是后者。

黑皮为什么叫黑皮，首先因为他黑，不是那种野性的、有男人味的黑，而是很普通的好像每天都去工地搬砖似的黑。其次，是因为他土得掉渣的英文名字。大学第一堂英语课，老师让大家自我介绍，每个同学都有英文名字，就他没有。老师让他临时想一个，他寻思自己每天乐呵呵的，那就叫Happy好了，这真是让同学们笑掉了大牙。从此，“黑皮”这个外号就跟他长期绑定了。

我问黑皮，为什么那么多体面轻松的兼职他不做，非要在食堂打杂。他说在食堂工作不用翘课，还管饭。

我撞见过男生们私底下议论黑皮，说他突然跑去食堂兼职，想必是生活所迫。可是生活怎么突然就变得紧迫了呢？谈女朋友了？

没听说哪个姑娘这么倒霉啊。玩赌博机了?

他好像也不好这口。除了这些，还能为了什么呢？男生的想象力啊，除了情债就是赌债，就不能为了别的吗？比如梦想。

黑皮的旅行梦，是我偶然和他聊起旅行才知道的，只是目前他还没去过什么远的地方。我问他想去哪儿，他说西藏和尼泊尔。

我说这两个地方顺路，你可以一趟走完，他说没钱。

黑皮家境一般，人很懂事，伸手向家里要旅行资金的事，他可做不出来。

攒路费，这就是黑皮在食堂兼职的原因，再简单不过。

为了不耽误工作，黑皮一下课就往食堂跑。

他人黑，跑得又快，我夸他是一道黑色的闪电，是大学校园里的博尔特，他只是憨憨一笑。

因为兼职时间都在饭点，这样，兼职几个月以来，黑皮几乎放弃了午睡。下班了，他吃点冷掉的饭菜，就差不多要起身去教室了。

上课时，大家都不爱坐在黑皮旁边，因为他身上有一股剩菜味道，尤其是夏天，教室的风扇一吹，剩菜味夹杂着他的汗味弥漫开来，让人对整个食堂都没了兴趣。

在食堂兼职，虽然劳动强度大，薪酬也低，不过有一点好，那就是饭管饱，对黑皮而言，解决了一日三餐，这一天也就可以不花什么钱了。

黑皮说，食堂给的工资加上每个月从生活费里省下的钱，攒到学期末，暑假旅行的钱基本就够了。我微笑着点头，真心觉得他是一个“励志哥”。

我跟黑皮关系不错，他有心事也会讲给我听。有一天他说自己喜欢上了一个姑娘，姑娘长相恬静，每天一个人来吃饭，常坐在一个不起眼的角落，而且每次都吃一样的菜，有时到点了姑娘还没来，黑皮就担心她爱吃的菜卖完了。听着糙汉子黑皮如此细腻的描述，我都忍不住想见一见这个姑娘了。

黑皮问我："我该怎么办呢？在校园里很难遇见她，要不要在食堂跟她搭讪？"我犹豫了半天，说："黑皮，要不你暑假旅行回来了再去追那个女孩吧。""为什么？因为我在食堂做兼职很丢人吗？"黑皮有些敏感。"才不是，因为追女孩是一件费心又费钱的事情。没追上，难过不说，浪漫经费还打了水漂；追上了，后期的约会投入更是个无底洞。我怕你谈了恋爱就凑不够路费了。"我口无遮拦地说出了心中的想法，黑皮沉默，没再说什么。"那些天天说着要来场奋不顾身的爱情、说走就走的旅行的人，都是站着说话不腰疼，说得跟这些都不用花钱似的。"我画蛇添足地安慰道，但这似乎让黑皮变得更加郁闷，他一声不吭地走开了。

往后的日子里，黑皮没再跟我聊起女孩的事情，他依然在下课后化身黑色闪电，依然在食堂勤勤恳恳地工作。

事情并没有像励志故事那样发展。黑皮攒够了旅行的钱，最终却没有迈出远行的那一步。他跟我说，在他最想旅行的时候，他去了食堂工作，在他最想休息的时候，暑假来了。他回到家里，看见用老式手机眯着眼睛存号码的父亲，在商场买件小品牌的衣服都犹豫地来回走了两趟的母亲，他突然好心疼，觉得什么梦想啊，心愿啊，在困顿的现实面前都该先放一放。他给父母添置了物品，余下的钱也全都给了他们，怕父母心疼，他说钱是学校发的奖学金，父母很是欣慰。

新学期，黑皮没有再去食堂兼职，他累了。

食堂里那个他心仪的姑娘，依然坐在那个位子上吃饭，只是她的对面，有了异性同伴。

很长的一段时间里，每当有人说起穷游，我满脑子都是黑皮的样子，虽然他最终只有穷，没有游，但我见证了他为攒钱旅游付出的努力，也被他温情的放弃而打动。

◎巫小诗

秋日私语

关键词：秋天 孤独 成熟 诗意

秋天在不知不觉中包围了城市。广场上昨日还碧绿如茵的草地，仿佛一夜之间就褪色了许多，街路两旁的杨柳，也蜷缩起枝叶，打不起精神。倒是天空显得格外蓝些，云朵尽情地伸展着腰身，不时地来点梦幻组合。风儿顺手摘下一片又一片树叶，陪它们再跳一支生命中最后的舞蹈。然后，为它们盖上沙被，期待着来年的又一次轮回。

大丽花刚刚盛开过，金丝菊又已经绽放。秋风收敛了奔放的裙裾，曾经的春光无限，如一把收起的遮阳伞，变得含蓄而深沉。但人们依然行色匆匆，生活的节奏并未随季节的更替而变得错乱。每一双行走在路上的脚，都如同在弹奏着一个又一个的音符，叮咚、叮咚……像秋虫低鸣，像南雁啁啾，像溪水淙淙，像石击琉璃瓶。秋天的旋律，在这如歌的行板中，舒缓而又高远。

这是个思索的季节，容易让人陷入一种诗意的孤独之中。孤独分两种，一种是所有人都不搭理你的孤独，一种是你不搭理所有人的孤独。前者是孤独者不受人待见，后者是孤独者清高孤傲难觅知音。就如同你正在弹奏一首美妙绝伦的名曲，每一个音符都能代表你澎湃的心潮。

可是，这如玉石般的音符投进知音的心湖中，击起的是圈圈美丽的涟漪，扣在路人的心扉，却只会发出一声声空响。愿闻其详君自留，心生厌恶掩耳过。对于共鸣，真正的艺术家从来都不会去强求。即使独自登高，无人相伴，无人相扶，更无人喝彩，注定要寂寞一生，也无悔。

曾经，在那个蓝裤子绿军褂无比朴素的年代里，一把木吉他就能演奏一段浪漫，一首《秋日私语》就能博得姑娘的掌声和爱情。而如今，世界变得越来越色彩斑斓，生活却变得越来越单调。世界变得越来越喧闹，人心却变得越来越浮躁。已经很少有人能甘愿享受寂寞，在内心的精神田园中去寻找一片可以倾诉可以休憩的绿茵。寂静，已成了都市中的奢侈品，而独处，则成为一种难能可贵的品质。

秋天，是个能絮叨的季节；秋天，更是个总结的季节。如同那一片叶子，春天是嫩绿的芽儿，经过一个夏季的阳光和雨露，到了秋天，才真正成熟。然后无悔地飘落，触地的刹那奏出生命中最后的绝响。曲终人散，世事沧桑已全然洞悉。

“春天时，我不知道秋天的事，秋天来了，我知道了所有的事。”诗人有些固执，诗句却很有哲理。

◎鞠志杰

远 行

每个人怀揣着各自的梦想出发，一路上，阳光化解了无数过往的辛酸，抵达的那一刻是实现自我的最佳时机。

我们在驶往远方的时间里，见证了最美好的彼此。

越简单，越美好

关键词：单身 婚姻 孩子 美好

有了孩子的这几年，我们又忙又累，所有的业余时间都给了孩子，属于自己的时间一压再压。单身时我进超市，全挑零食和好看可爱的小物件，连创可贴都要有图案的。现在我练就了千里眼，进超市犹如打仗。东西有没有图案不重要，重要的是节约时间。

单身时我爱逛街、爱泡书店，晚上把门缝一堵，瞒过父母，看碟看书熬到凌晨。现在白天没时间逛街，晚上熬夜会死。我一边哄孩子一边拿iPad读下载的小说，哼着儿歌睡意袭来，手一松，被iPad砸醒了。

单身时我最看重自己的形象，化妆品半床，衣服三个柜子放不下，出门挑双鞋花一个小时。现在我穿衣蹬鞋、抹完唇膏都不用半分钟。

单身时我伺候自己超级简单：饭出去吃，衣服堆着好了，想洗再洗，甚至会很开心地加班，因为可以逃避逼婚。现在我做三四个菜随手拈来，独自换床单被套。

不过，我虽然有了孩子，需承担另外一种更累的角色，但让我放弃，我是决计不肯的。

这不仅仅关乎责任，在小生命的成长中，我学习到最单纯的快乐和满足：他们从不挑剔我们毫无经验，也从来不嫌我们长得难看、没钱；他们只要吃饱，有好玩的，就很开心；多无聊的事情，他们都能兴趣盎然；他们想亲你的时候就亲；他们很爱你，无条件地信任你，并且害怕失去你；在他们眼中，你就是你。

孩子简单，大人不简单。有人拿孩子当弥合夫妻关系的黏合剂，有人拿小孩当借口，有人让孩子为自己实现梦想，还有人需要孩子满足自己的虚荣心。

其实，孩子只是孩子。指望生小孩稳住婚姻，还不如指望到火星上度蜜月。孩子不应该为凑合的婚姻埋单。常听人说事业停滞是因为有了孩子，懒惰是因为有了孩子，不和他离婚是因为有了孩子。可没有了小孩，这些人也不见得立时穿上内裤变成超人。

小孩不过被当做逃避现实的道具而已。至于强加给孩子们的“存在的意义”更是危险，难道考不出100分、不会弹钢琴的小孩，在爸妈的眼里，就没有存在的意义了吗?

请每个当父母的人，记住第一眼看到孩子时的那种感觉：他(她)真美，我一辈子都爱他(她)。

孩子只是孩子。越简单，越美好。

◎申 姜

远 行

关键词：大学 远行 父母 梦想

在那天出发之前，我构思的场景一直是这样的：简单的行李、必备的证件、一双泥渍斑斑的帆布鞋，我飘逸的刘海儿在夏日的风中乱了分寸，一回首，老爹目光中满含慈爱，娘亲不禁湿了眼眶。"混不好我就不回来了！"我高声向双亲喊道，感觉如鲠在喉，噙着的热泪在转身那一刻喷涌而出。望着前方离别的车站，我扬起倔强的脸庞，独自奔向大学生活。

而事实上，我朝思暮想的离别真的只是想想而已。父母毫不犹豫地否定了我"独行"的想法，紧接着，父亲对我的穿着进行了细致规划。在他眼里，大学生应是一身笔挺小西装，配以金丝眼镜和露出宽大额头的精神发型，最好还要足蹬一双锃亮的黑皮鞋。

不过这次他没有得逞，我以一个准大学生的形象告知"60后"的他："不行，太土鳖了。"父亲听后摇头长叹道："儿大不由爹呀！"但那年我也就17岁而已。

离开前的日子里充满了争议，每个人都在紧张地筹备，同时不断地妥协，三口之家像是架在熊熊烈焰上的一壶开水，冒着热气，沸腾不已。在此之前，我没有想到仅仅是一次离家300公里的旅程，竟然会如此繁杂忙碌。不管怎样，最后我们还是出发了。父亲请来好友驱车，母亲将打包好的行李塞满了后备厢，消瘦的我留着短发、穿着黑色帽衫，注视着薄雾里的远方。引擎声响起，我们都已就位，车内音响狂吼着《月亮之上》，那壶咕嘟咕嘟冒泡的开水终于从火焰上被撤下。

8月末的清晨，太阳出得早，街上行人三三两两。一开始，车开得异常缓慢，行驶了数分钟，依然可以瞥见身后的家，我怀疑是低廉的车价影响了它的车速。副驾驶座上的父亲喜笑颜开，不停地向车外张望，眼里充满了期待。迎面走来了熟识的长辈，慢到令人发指的车子又猛然减速，几乎停了下来。

父亲迫不及待地摇下车窗，打了声招呼，还没等人家回应，他便提高音量，满脸兴奋地说："我送孩子去大学报到，臭小子啥都不懂就要走，叫人不放心啊！"父亲一脸满足地讲完这句话，路人愣了几秒，随即赞叹道："哎呀，真有出息，不愧是你的儿子！"父亲的脸上绽放出孩子一样的笑容。我目睹了这场发生在早上6点的寒暄，如芒在背，心生不安，恨不得马上逃离现场。幸好，这时车子像打了鸡血般亢奋，一路狂奔而去。

父亲像是完成了一桩心事，如释重负，安然靠在座椅上，与身旁驾车的好友闲聊起来。

我为他俩之间的默契配合感到惊讶，瞅瞅母亲，她带着睿智的笑容看着这一切。

我的高中从窗外缓缓移过，学校门口红色光荣榜上的名字从远处看如蚂蚁般渺小，但我清楚地知道我的名字在第几行第几列，看过无数次，开心过多少回，一直忘不掉。一闪而过的高中，转眼即逝的3年，我曾在冬晨如墨、雪片如花的日子里赶赴这里，骑着单车，裹得跟粽子一样。那时候，我总在想自己为什么不是李嘉诚的孙子。耳机里，科特·柯本吟唱着“something in the way”（有些事就是这样），这首歌在高中时代安抚了我躁动的心。看样子，这辈子是做不成首富的家属了，但此刻的我却坐拥无数美好的回忆，一旦念起就会把自己感动得不得了，在精神上绝对是一个土豪。

身旁的母亲拍了拍我，指着窗外的一堆废弃建筑跟我讲：“这地方就是我以前上的高中。”接下来的话，我已烂熟于心，因为每当母亲提起她的高中时代，台词基本没变过：“我以前也是个好学生，都是看琼瑶小说入了迷，一本接一本读，无心学业，最后还被你爸给骗走了。如果再给我一次机会，我肯定会认真读书，保证能考上大学。”她每次回忆这些必然被我反驳，然后谈话就结束了。但这次我没有多嘴，耐心听完了她的回忆，然后沉静地告诉母亲：“我相信你，你是我娘，如果你和我交换身份，你肯定会比我更厉害。”母亲听我这么讲，有点儿吃惊，笑着又说道：“唉，现在我算是想明白了，考不上大学又怎么样。我儿子帮我考上了，你上大学就相当于我和你爸都上了。你不知道啊，我那些考上大学的高中同学到现在还没有孩子呢……”母亲越讲越兴奋，根本停不下来。我盯着窗外不断闪过的树木，意识到一个很严重的问题：娘亲的更年期到了，不过我也不会常在她身边了。

上了高速公路，车速越来越快，父亲的好友以F1赛车手的态度驾驶着一辆北京现代。

不知不觉，车子驶进了一片浓雾中，阳光、远山、草木一概不见，我们对外界的认识只剩下时间。家人、公路、大雾、未知的世界，这些元素混合在一起，令人下意识地想起了惊悚电影《迷雾》。17岁之前，我知道首都是北京，上海有地铁，而怎样乘公车，怎样在食堂打饭，怎样才能讲一口标准的普通话……这些让离开了书本、电视、网络的我根本无法想象。可是从明天起，我将要独自面对那个陌生的城市。尽管它距故乡只有3个小时的车程，尽管父母可以随时来看望我，尽管明白离开是迟早的事，但未知的一切仍让人心生无助，甚至觉得自己马上就要成为孤儿。我猛然有了回家的冲动……

3个小时后，我们看见了地图上熟悉的路标，车内的气氛一下子轻松起来。当看见浮雕墙、圆形校徽以及从未见过的高大校门时，我们都知道这次是真的到了。父亲望着停车场里无数来自全国各地的车，不停地感叹："这才叫大学啊！"母亲望着四周的绿树、远处的高山、一栋栋房屋，满意地笑了，开心地拉着我说："还是生个儿子好，沾儿子的光还能在有生之年看看大学。"远处的树荫下，父亲的好友悠闲地抽着烟，惬意地享受着这片凉爽。我看着来来往往的人提着大包小包笑着走过，凝视着这片繁花似锦的园地在眼前展开，很吃惊自己竟然会走到这里。回想刚才3个小时的旅程，如做梦般不可思议，300公里不算漫长，但我心中似乎早已行过千山万水。

记忆中，那天的阳光很好，校园里满是绿色与花香。一家人办完了所有手续后在食堂吃了一顿难吃的饭菜，父亲对我的慌张不安进行了严厉斥责，而那似乎也是父亲最后一次当面批评我。下午4点，在一次又一次的叮咛后，父母与司机叔叔离开了。我从后视镜里瞥见了父亲的笑，车一点点加速，他们渐渐远离我的视线。在车后扬起的尘土里，我没有哭，没有不舍。我们的团队像是取经四人组一般跋涉，抵达了目的地，见到了渴望的，得到了心中期盼的，很圆满成功，只是主人公最后被扔在象牙塔里。我像个问号一样站在原地，心里很难受。

几年以后，当我看到电影《阳光小美女》时，我猛然记起这段时光。如同谜语般，我到现在才知晓了答案：原来那所美丽的大学并不是我一个人的，那是全家人的心愿。大家都像在等待雨季般守候启程的那天。旅程是很短的几个小时，内心却似远行了数年。

每个人怀揣着各自的梦想出发，一路上，阳光化解了无数过往的辛酸，抵达的那一刻是实现自我的最佳时机。

我们在驶往远方的时间里，见证了最美好的彼此。

◎请叫我杨医生

满当当的西安

关键词：西安 姑娘 街巷

闲来无事时，可以站在鼓楼上四面八方地看美女。几乎全西安的漂亮姑娘都集中在这个区域，从东西南北四条大街鱼贯而至。西安姑娘秉承了大唐女子的优柔妩媚和美丽华贵，漂亮时尚不输给任何都市。而她们口中的西安话，即使吵起架来，都有一种独特的美感。她们或三五成群或孑然独立地自鼓楼旁边的世纪金花广场缓步出入。她们的时尚和城市古老的建筑相映成趣，是一幅很容易让男人陶醉的画面。

西安人把姑娘叫女娃，不管街边的大爷还是开出租车的大哥，轻唤一声"这女娃"，听来都是一种无限的娇宠。

我也开始把姑娘叫女娃，并很快学会了和她们用西安话打情骂俏。

对西安话的熟悉让我在这个城市活得更加从容自得，我用西安话在书院门或北院门和出售古董的小商贩讨价还价，有时可以用很低的价格买下一两件品相较好、来历不明的物件。

偶尔无聊了，我也会和随便哪一个西安“闲（音han）人”一样，在街边逛荡着，说说和，劝劝架。曾有一个外地朋友开车去西安，一不留神和另一辆西安牌号的车子“亲密接触”了，结果车还未停稳，街边立刻围拢来一群男人，有老有少。他们围过来，你一句我一句地就此事详细分析。

朋友起初吓了一跳，以为被当地人集体围攻，顿时一头冷汗。后来听了半天才知道担心很多余，围拢而来的人竟然是为说和，并且立场公正。最后，没有惊动警察，对方给朋友200块钱，双方了事。朋友正要谢大伙，转头，人群呼啦就散去——这便是西安“闲人”的寻常事例，可为一景。

不过，我最喜欢的还是让脚步带着我走遍这个城市的每一个角落。

我找到了尚勤路、尚德路、尚朴路、尚俭路、尚爱路……还找到了东木头市、东厅门、东举院巷、早慈巷、南牌楼巷、桥梓口、竹笆市、五味什字、大差市、下马陵、古迹岭等有着不同历史故事的街巷。我甚至找到了贾平凹的家。而我最后罗列的“古迹岭”，正是唐代行刑之地。

所有这些街巷，都让我知道了城市之间骨子里的区别，没有历史的城市，也只能给街道随便取些名称，要么干脆就以别的城市名为路名……因为没有故事，没有历史，没有任何丰厚的底蕴馈赠给城市，所以城市新崭崭却空洞洞。而我的西安，它灰蒙蒙却满当当。

◎宁　子

武汉的市井

关键词：武汉 味蕾 性格

题记：人生如同围城，城外的人想进去，城里的人想出来。

而每一座城市又像一个个人，有自己的相貌、个性、脾气、经历……

你也许爱它，很投缘；也可能讨厌它，隔阂重重。不管你是“土著”还是过客，它容纳着你，烙印着你的过去、现在或者未来。而你，也该将它记录下来，也是记录下自己的人生，此为——城记。

一个朋友说，武昌是个火车站；另一个朋友说，汉口也是个火车站。挺有意思的两句话。对于旅人，许多时候武汉是用来路过的，是北上或者南下绕不开的一座城。

长江带着许多河流奔涌至此，像是迎接；汉水带着许多河流奔涌至此，像是投奔。然后，相携滚滚东去。

都说流光容易把人抛，但村寨里的日子反倒像是把时光抛下了。

摄影 ◎ 周艺

熟悉的日子才是踏实的日子，舒服的生活才是最有品质的生活。

摄影 © 刘鹏飞

一阵清风吹过，蔷薇架下往事不惊。春花，青春，爱情，已成绝版。

摄影 © 汪琪

摄影◎刘鹏飞

真实、恬淡、自然的生活，即便没有玫瑰花，一样也是那么值得去热爱，一样也有「小清新」。

时间终于脱离了计划表，光阴像一片片云母，纷纷闪耀而下，雪片一样落在无所事事上，毫无意义成了最重要的意义。

摄影◎汤津

摄影◎邹亚楠

这个时代的异国风情，更像是旧时代的猎奇遗风。

每个人怀揣着各自的梦想出发，一路上，阳光化解了无数过往的辛酸，抵达的那一刻是实现自我的最佳时机。

摄影◎邹亚楠

摄影◎刘鹏飞

待在恒温环境之下的城市宅男宅女，都在以冲锋衣这种形式向忙碌的生活表明，自己拥有一颗向往远方的心？

一个城市有两条大江，或者说两个流域滋养着一座城，武汉像是得了上苍的眷顾。长江把江南划成汉北和武昌，汉江再来把江北划成两片——汉口、汉阳，武汉三镇就有了轮廓。

在南岸嘴，看汉水入长江非常有风情。它们都不舍昼夜奔流而来，大敞襟怀，像赴约会。交汇处，长江半迎过来，汉水半扑过去，摇摆出一道半明的水线，丰盈时尤其好看，这城立马陷在妩媚里。此外，高山流水知音相遇的古琴台和楚辞的韵歌又给这座城打下了温软的底色。

沿着水岸，时有码头，硬朗，还有著名火枪“汉阳造”，又给这城添了刚硬。

满街的小吃，公共汽车上是端着早餐并且能够滴水不洒的男女老少，随处都有的生意，又带给这座城市一种入骨的市井味儿。

我喜欢这城市的市井味儿。“市井”不是让人生厌的词，就是活生生的生活、活生生的人情。

我从陕西来，在这座城市里待了很多年。很多时候我喜欢西安的方正，喜欢那里老大一碗面条，更要紧的是从那里出发几个小时就能回到老家。可离开武汉，我听到武汉话却感到莫名亲切，下意识地动一下喉咙，像是有芝麻酱的香气。如果不及时收住想法，眼前还会出现很多食物，离垂涎三尺不远了，很不雅观。

也许一个地方能让人留恋，味蕾的记忆是差不了的。武汉小吃众多，总结出四大名吃：老通城豆皮，小桃园煨汤，蔡林记热干面，四季美汤包。都是老店，并且相距不远，我曾有幸坐在这四家老店里吃了个美。之所以说有幸，是因为除了小桃园之外，其余三家都已相继拆了。

说到煨汤，食材众多，最好的还是排骨藕汤，汤汁如藕色，恨不得用上国色天香来形容了。有朋友喝过之后，请教师傅如何煨得这般好汤，答曰："很多地方的莲藕都是11个眼儿，食之清脆，独楚地有一种藕只有9个眼儿，短圆，食之粉面。"朋友买了粉藕回家，也肯下工夫，文火煨了五六个小时，汤色暗红，藕也暗红……原来，他少了陶罐，藕待在铁锅里不变红才怪呢。另外，得有几根棒骨增加汤的润泽。前一阵儿《舌尖上的中国》里提到湖北藕汤，一老头儿撇嘴说，那一锅暗红藕汤，实在掉底子。"掉底子"是方言，意思是丢脸。

拥着两江，自然少不了鱼。"才饮长沙水，又食武昌鱼"，这句词让武昌鱼成了名鱼。其实，这鱼自古就有名气，唐代诗人岑参写过"秋来倍忆武昌鱼，梦魂只在巴陵道"的诗句。吃过很多鱼，似乎味道差不多，这自然要遭美食家的反对，大约我跟李逵类似，他在浔阳楼上说："这宋大哥便知我的鸟意！吃肉不强似吃鱼？"后一句甚合我心。一次在巷子里看一老头儿吃三寸长的小鱼，吃得屏声静气，旁边放着骨架，像是标本，大为艳羡。

这大约与武汉人的性格有关吧。不似上游成都的闲适，不似下游南京的安稳，武汉不慌不忙，不要多快好省，一天就当一天过，但它依然充满了梦想。如同英国作家伊恩·麦克尤恩所说，一部小说和一座城市之间存在着某些相似之处。小说不仅仅是一本有封面有内页的书，它还是一种特殊的精神空间、一个考察人性的所在；城市也不仅仅是建筑和街道的聚合，它是一个梦想之地。

早晨，我经过一条小巷子。小巷子总是热气腾腾，揭开笼盖的包子的小麦味，刚下锅的油条眨眼工夫膨大，泛着红油的米粉好像暗示我这是好的一天。然后，我走到车站，等到一辆车，开过汉水桥。早晨的江面安静，阳光洒在上面，并不动荡。等到下班回来，看着江面，却是漂亮的床单，让人有些倦。

时常和妻儿去江边转一圈，陪朋友走一回长江大桥，偶尔到归元寺听晨钟暮鼓，去长春观吃一回素餐。这般庸常的生活，实在再舒心不过。

有个朋友想来武汉工作，问我武汉到底如何。我跟他说，这城市热情得像一位嫂子，只要你想留，她必然收留你。如同城里常常可见的湖面，它映照你的面容、你的愿望，它有机会要给你。如果这里铺不开你的理想，北去北京，南下广州，方便极了。如果想浪漫，顺江而下就到上海啦。再远一点，就是太平洋。

◎南在南方

燃烧吧，小宇宙

关键词：骑行 318国道 拉萨 泥石流

迈出校园、初入社会的路到底怎么走？年轻的苏晟也许还没找到合适的方向。先放下这一切吧，一念起，川藏线只是咫尺。骑车上路，用这种对他来说近乎自虐的方式来证明和寻找自我，也许不一定有结果，但一定会有收获。

出 发

活得好没意思。跟女友说我想从成都骑到拉萨，她说去吧，给我完好地回来；跟老友说我想从成都骑到拉萨，她说去吧，钱不够我借你。就这样，我出发了，以去外地参加一个大学同学婚礼的名义。离家前最后一刻，我妈好像感觉到了什么，拿了串佛珠给我，我把它缠在左臂上全程陪伴。

按照约定，我先来到一家廉价旅馆，跟网上事先联系好的队友们见了面。一个打扮得很嘻哈的胖子问我："怎么称呼呀？"我想了想："嗯……就叫我路飞吧。"

第二天大清早，我们冲到天府广场毛爷爷像前拍了张集体照，算是做了出发前的最后一件事。身后的毛爷爷说，世界是我们的，也是你们的，但归根结底是你们的。我说，世界你们要，我还是先要回我自己吧。

318国道，我来了！布达拉宫，我来了！燃烧吧，我的小宇宙！

推车王

通常，敢上318国道的自行车骑士大多已经用车轮把自己所在的省份碾了个遍，经验值跟能力值都颇高的牛人。而我呢，只是一个体重从来没上过3位数，出发前5天才匆忙购车，前1天还昼伏夜出的大龄宅男。

第一天，从成都到雅安。155公里，我从早上7点一直蹬到晚上8点，感觉快要了我的老命。第一天就有一段推车走，无悬念倒数第一的同时，还比队里最早到的晚了3个多小时。当天没来得及羞愧，倒头就睡熟了。第二天，我的娘，膝盖痛得厉害。雅安到新沟不到90公里，我还是落后了倒数第二1个多小时。瞎子都能感觉到众人埋怨的眼神。“路飞不给力呀！”“幸好没等你，不然晚饭都变夜宵了。”对此，我只能一个劲地“骚瑞，骚瑞”。

第三天，上路前我大喊了一声：“赐予我力量吧，我是希曼！”结果倒数第二依旧比我早1个多小时到达泸定。“二郎山实在是太难翻了！”“跟后面的13座山比，二郎山根本就不叫山！”他们一致决定以后改叫我“铁胆推车侠”或者“川藏推车王”。被几个年纪比我小的队友这样一说，我真是满肚子的羞愧和委屈。

“骑车上拉萨算什么？推车上拉萨才是真猛男！”去康定前，我撅着嘴巴把这句话写在旅店的墙上。

泥石流

比预想中顺利地翻过了海拔4298米的折多山，全队都很开心，决定在摄影天堂——新都桥集体休整一天。到了新都桥，就多少有点高原反应了。我这天格外“嗨皮”，因为翻折多山一下多出了好多人推车，最后“推车王”反而还比一些人先到垭口。不拖后腿的感觉真好。休整的那天，我们集体包了辆车去了传说中的塔公草原。一路上我们欢天喜地、打情骂俏，完全忘了接下来新都桥至理塘的214公里是整个川藏南线上最魔鬼的路段，超过80％的骑友都会在这一段无奈选择搭车；剩下的不到20％，就算运气好，全程遇到好天气，通常也要花3天时间才能骑到理塘。

准备离开新都桥的那天早上下着大雪，虽不算鹅毛，也足以让我们发毛。旅店老板说前方多个路段还有突发的泥石流。队友一致决定搭车，就我“推车王”一个人默默地绑着驮包。

吃过早饭，我正准备上路，看见其他队友也赶了过来。原来因为前方路段严重毁坏，汽车都不愿意去。“那就一起翻山？”我看着他们。“走！”他们也看着我。“有泥石流哟？”“真遇上了就当洗个澡呗。”

在之后翻越高尔寺山的整个过程中，除了一位40多岁的大叔，一路上我们再没碰见任何骑友。那天高尔寺山上的汽车堵得跟火车一样。车里面的他们看见车外面的我们，好多都摇下玻璃来给我们鼓劲，甚至硬塞给我们牛肉干和水，完全没考虑自己很可能要在车里困上一周多。

那天我特别来精神，好长一段路都骑在最前面，他们都说“推车王”是重口味：有大水坑，我先碾；有被塌方毁了的路，我先提车过去……憋屈了一周，我一直在等待证明自己的机会。我想证明后天的大心脏远比天生的好体能重要。

之后我们被困了两天，亲眼看见一栋民房在我们面前倒下，亲耳听到当地村民说他们从来没见过这么强的泥石流，最后又亲自提着车从山上翻了出去。七八月是常有泥石流，但没想到我们遇上的是上了中央电视台《新闻联播》的泥石流……当我们历尽千辛万苦冲到雅江县城的时候，当时的雅江已是孤城，没水没电，但好歹有手机信号和饭馆。报完平安，我们立马钻进一家饭馆将老板当天煮的米饭"洗劫"一空。

新都桥到理塘是最魔鬼的路段，不巧又撞上了最恶劣的地质灾害。总共5晚，集体并排靠墙眯了1晚，钻进湿透了的睡袋在地上睡了2晚，翻过高尔寺、剪子弯、卡子拉3座高海拔大山。其中大雨中翻剪子弯山更是被我们全票通过确定为整个骑行之旅中最痛苦的一天。当天，1个队友骑哭了。第二天，5个队友果断选择了搭车……

到了理塘，恶习难改，见有涂鸦墙便习惯性掏笔："新都桥到理塘，'推车王'纯爷们儿，不解释！2011年7月13日至18日。"后来又补了句，"好险，差点就被暴强泥石流给强暴了……"

意 外

7月19号是我骑行川藏南线的第14天，那天理塘到巴塘段的6个无灯隧道将原本225公里的路缩短到了187公里，却将我进藏的日子往后推了一星期……

那天像往常一样，刚一出发，"推车王"就落在了最后。因为当天是近190公里的超长路程，同伴们一路狂蹬，而面对近190公里的如画美景，我一路狂拍。哇，天好蓝，云好白，山好绿，牛好黑……等我拍到海子山垭口的时候，已经是下午6点多了。这时我才想起了自己那因高原反应而无法使用的手机以及刚刚交的200块队费。垭口下面是近90公里的长下坡，我琢磨着还能不能追上同伴。毕竟一路骑来，队里爬坡我最熊，但冲坡却是我最牛。

就这样，我听着杰伦的《漂移》冲了下去。这一冲，还真就差点冲到了另一个世界。后面的事我记得的不多，只记得自己在一个黑隧道里飞了出去，在“哎呀”还没有“呀”出的时候，头撞到了墙。有一瞬间，我的嘴唇贴到了我的胸口……

我忘了我是怎么出的隧道，感觉记忆在那刻就关机了，下一次开机的时候，我一个人骑在车上，脑袋里一个问号，我怎么什么都不知道了——我什么都不知道了就是我当时唯一知道的事。过了不知道多久，我把车停下来，一个人倒在一边掏出相机来看，手在一张张地点，大脑却根本没在转动，直到一个陌生骑友从我身边飞速冲过，回头对我大吼一声：“还不快走！”这才把我从待机状态中唤醒。我刚才撞车了，我还要赶到巴塘去，哎哟我的背好痛……

事后我知道我又连骑带推走了25公里路，并且跌跌撞撞地又穿了两个黑隧道。一直到我在一个隧道里摸黑钻了好久好久，突然意识到其实我已经钻出隧道好久了，而我眼前的天跟隧道里一样黑，车右边就是悬崖的时候，我才真吓瘫了，赶忙撞开一个藏族人家的门借电话求救，那时已经是夜里10点多了。

之后队友包车赶来将我接去了医院。我只记得把我从车里抬进医院的时候，那铁床板把我的脸磕得好痛；我倒在病床上，脸上全是苍蝇动来动去；队长说：“路飞，我们来了，没事了……”

养伤

在我刚出院的头两天，我一个人躺在小旅馆里，想翻个身都不行。那两天我情绪非常低落，如果没受伤，那我会为我一路的大胆感到骄傲和自豪。但真出事了，我就会为此前刹车完全失灵还冲了两座山、车灯被偷了还傻呵呵去冲黑隧道的种种无知以及对家人的不负责任感到无比羞愧和自责。我的伤倒没什么，医生说可能是背部线性骨折，但一时间不明显，也拒绝将X光片给我，甚至收据都不给。

我不想就这样回去，不甘心，最难的路段我都碾过来了，下次让我再重碾一次？没门儿。我也不能就这样回去，当我翻过折多山领略到新都桥的美景时，我就知道我已经爱上了户外骑行，以后肯定还会找更难更美的路穿越。如果这次失败而归，家人就更有足够的理由来反对我、阻止我。

养伤一周后，只要不弯腰、不转身、不背东西，像螃蟹那样朝一个方向前进后退已经没有太大的不适了。看着墙角靠着的单车，我心想，对不起，让你久等了。

再出发

7月25号，在到达列衣隧道前，路边一个藏族姑娘招手问我为什么反骑。我说之前在前面的隧道摔过。她说你丢了什么东西吗。是的，丢了一个疯子原有的自信。

将此前搭车的路段重新碾过后，我去了当晚我撞开的那户人家道了谢。第二天也没急着出发，先是找了家物流公司将我的一部分行李寄了回去，然后去康宁寺虔诚地转了一圈经轮。当晚我的室友邀请我加入他们的队伍，我婉拒了。后半段，我想用自己的节奏换一个角度去感受旅程。

8月1号的晚上，之前一起骑行的同伴打电话给我说：“路飞，我们明天就到拉萨了！你呢？”我？我5天前才正式骑进西藏境内，你们到拉萨的时候，就是我翻东达山的时候。

东达山，318国道上第一座海拔5000米以上的山，当我比预料中轻松地翻过东达山后，我就知道自己的体力已经恢复得差不多了。从左贡开始，我就再也没有将攻略上一天的路程分成两天或者三天过了。

左贡到邦达，100多公里，我硬是一辆单车都没碰上，那天真让我感受到了一个人骑行的全部滋味，安静、随性、害怕、刺激，还有恐惧。

在从八宿到然乌的路上，我终于看到了传说中的朝圣者。他们一个个三步一叩，额头鼓着圆包，衣服比叫花子好不了多少，但感觉他们比好多人都幸福，因为他们有信仰。

这个时代，有信仰真不容易。以前的信仰垮塌了，重新寻找和建立新信仰更不容易。这也是我这些年试图做却还没做成的事。好希望我能尽快找到，然后以此为依靠将我一身的力气再次全部使出来……

8月14日中午，顺利翻过了川藏南线上的最后一座山：海拔5013米的米拉山。下坡途中我一时没忍住，哭了。一路骑来，新都桥没哭，撞上泥石流没哭，摔进医院没哭，冲过西藏界没哭，在4081里程碑悼念遇难骑友没哭，甚至最后在布达拉宫前也没哭，却在下米拉山的时候哭了。一个多月来朝思暮想的目的地就在前方，我却一下子失去了目标。

我的找虐之旅就要结束了，我的梦就要醒了。在梦里，我是世界第一的勇士，世界再大，大不过我的小宇宙。但回到现实，我还是那个打不过恶人、骂不过小人的世界第一窝囊废。

落幕

8月14日晚上10点20分，我被超级大冰雹砸进了拉萨，至此骑行川藏南线之旅结束。此次骑行，全程2166公里。一路骑来，有幸遭遇罕见泥石流1次，翻车摔跤3次，大雪1次，冰雹4次。被恶狗追3次，被藏族小孩扔石头2次、踢屁股1次，摸黑赶夜路5次，外加大雨无数次……

这一次，我给自己满分。至今作痛的背伤？那权当是男子汉的勋章好了。骑完这趟，我更坚信自己终有一天能够走出人生的困境，过上有尊严有品质的生活。因为我清晰地记得，曾几何时，在那个漆黑的隧道里，在我以为自己的锁骨、肋骨断了好几根的时候，有那么一刻，我在向着天笑……

鲍伯·迪伦说，英雄是懂得责任与自由同在的人。希望有那么一天，“推车王”真能成长为一个英雄。希望有那么一天，我还能从新疆骑到拉萨，甚至再一口气翻过喜马拉雅山，直接冲到尼泊尔。

◎苏 晟

奥地利的“音乐之声”

关键词：萨尔茨堡 音乐节 莫扎特

爱因斯坦说过：“这个世界可以由音乐的音符组成。”

如果此种说法成立，那么，上帝首先用音符组成的国家就是奥地利。

奥地利，这个欧洲音乐文化中心的“名片”有二，一是“音乐之都”维也纳，二是“音乐之乡”萨尔茨堡。

我和女儿抵达萨尔茨堡，在米拉尔贝宫转了一圈后，就直奔莫扎特的故居盖特莱德街9号。

留下歌剧《魔笛》《唐·璜》与《费加罗的婚礼》的莫扎特只活了35岁，一生在贫困中挣扎，死后连一块像样的墓地也买不起。在他的故居，有他弹奏过的钢琴、书写的手稿和各种实物。其实，莫扎特生前并不喜欢萨尔茨堡。他出生时萨尔茨堡没有一家歌剧院，没有一间音乐厅。但是现如今，萨尔茨堡几乎可以改名叫“莫扎特城”——莫扎特大街、莫扎特铜像、莫扎特纪念馆，馆里有两间音乐厅、一个“莫扎特档案馆”、一个图书馆……而街上大大小小的店铺里卖的纪念品也几乎全与莫扎特有关。

黄昏时分，我们在萨尔茨堡旧城的大教堂附近落脚，在街边店喝啤酒。我一坐下，就看见军乐队浩浩荡荡地移动过来，清一色的深绿衣帽，白色手套，前面的方阵击鼓吹号，后面的方阵挎枪步行，围观者自动分列两边。女儿和我说："估计今天有大活动。大学那边搭起了舞台，这边有大屏幕，下面的座位至少上千张，已经开始放古典歌剧视频。各家饭馆的厨师都白衣白帽在街头'拉客'，老爷爷全部西装领带，胳膊上挂个手杖……"说罢，女儿前往打探。不一会儿，她胜利归来："是萨尔茨堡音乐节！一年一度，国际转播，今晚是开幕式。"我问："你没问问还有没有票？""人家说一年以前都网上定完啦。再说咱的这旅游行头也不准进——男士一律正装，女士民族服装！"

后来才知道，萨尔茨堡音乐节创立于1920年，代表着全世界古典音乐的最高水准，受邀前往乃业界最高礼遇。该节庆当初专为演奏莫扎特作品而设立，而且，必须由著名指挥家担任指挥，卡拉扬（奥地利著名指挥家、键盘乐器演奏家和导演）曾指挥音乐节长达30多年。音乐节每年7月底开幕，9月初落幕，我们正赶上开幕。

这真是个地地道道的音乐之乡，街头巷尾拉琴的、吹号的随处可见。一个五六岁的小朋友从观众席跑上去为琴师指挥，动作像模像样。清场以前，我还见到一个美女敲着类似扬琴的乐器，一侧的大叔拉着手风琴，两人合奏《马刀舞曲》。那水平放在毕姥爷的节目里，上春晚绝对没有问题。

回想去年此时，途经奥地利前往瑞士，那一回欣赏了维也纳国家歌剧院与金色大厅。我们钻到金色大厅后台，看到那么壮观的轨道、屏幕与灯光舞美设备，觉得前面不是剧院与舞台，而是要塞和武器库。维也纳国家歌剧院则更不同，外观古朴，内在现代。

9000平方米的面积，观众席有6层，第3层还设有100多个包厢。除过1642个座位之外，还有567个站席。解说员说，每年歌剧院会举办盛大的新年舞会，届时世界各地政要名流、富商巨贾都会参加，奥地利总统也会出席。舞会在百余对青年男女的翩翩起舞中拉开帷幕。舞池中，女孩头戴宝石皇冠头饰，着白纱长裙；男士则一律黑色礼服，舞姿曼妙，场面壮观。来宾们也会一起翩然起舞，同时舞会中还会有不少专业演出。不过，舞会的入场票价不菲，最便宜的站票都需要2700先令一张（1先令约合0.56元人民币），包厢几万到十几万先令不等。平常100先令一瓶的香槟，舞会之际身价暴涨为2500先令。即便这样，舞会的票还要提前N个月预定，因为可以参加新年舞会是身份的标志。

曾有这样的文字介绍萨尔茨堡：“有一句玩笑话：‘巴洛克时代的东西不会变。’用这句话来形容萨尔茨堡是再合适不过的。这座风景如画的老城依偎在陡峭的群山之中，看上去与莫扎特在此出生的时候没什么两样。”并说如果对古老与浮华都不感兴趣，不妨参加“《音乐之声》背景之旅”，直奔美丽的乡村。

这座城市与1966年奥斯卡金像奖最佳影片《音乐之声》有着不解之缘。那里有电影里上校一家住的梦特湖畔的宫殿——玛丽亚教7个小孩唱歌跳舞的地方，有举行婚礼的湖畔教堂，还有玛丽亚所奉祀的修道院。

可惜行程满满，我们在萨尔茨堡只能停留一天。小憩之际，我躺在公园的长凳上想假寐片刻，却是清醒得厉害，随手在小本子上作“驴友总结”：如果奥地利是歌剧和交响乐的国度，那么萨尔茨堡就是一个名叫莫扎特的城市。在这里，莫扎特是历史也是现实，是广告也是多种经营，是入门的通行证，也是壮观的墓志铭。

◎宋立民

巴厘岛“义工旅行”

关键词：巴厘岛 志愿者 体验

这是我第一次参加跨越赤道的“义工旅行”，我将它作为自己18岁的生日礼物。有时候，旅行不仅仅是为了遇见旖旎的风景，也是为了遇见路上美好的人。我很期待能够到一个远离喧嚣的小地方，和当地人面对面地谈谈心，了解真正的风土人情，同时也奉上我那颗小小的“志愿者之心”。

从巴厘岛主岛出发，坐了35分钟的快艇，内脏都要被颠出来了，才到了这个位于巴厘岛东南方的小岛Nusa Penida。这里的海是淡蓝色的，云层很厚且压得很低，沙子又细又白，岸上是茂密的热带雨林……这个岛几乎与世隔绝。

第一天来到寄宿家庭，我就碰到了几位来自国内的大学生和一个高达1.9米的金发荷兰女人。晚上大家坐在小院子里聊天、乘凉，看对面三只狗上演的“爱情故事”，观察邻居每天拿着鲜花小篮和盛米饭的小芭蕉叶祭祀院里的印度教神灵。四下里玫瑰味的香火弥漫，芭蕉树随着印度洋的暖风摇曳，袅袅的梵音从远处的family temple（宗祠）里传来……

一

一个阳光明媚的上午，荷兰女人在院子里擦拭着她金色的湿发，水珠落在她小麦色的皮肤上。“Are you new here? ”（你是新来的）她跟我攀谈起来，并随手抱起一只小黄狗。她今年40多岁，未婚，刚刚结束了一段长达8年的感情。她开了12年的花店，在外人看来，这是一份浪漫且收入不错的工作，而她却在去年6月份毅然决定关了它，因为她觉得生活无趣。我佩服她的勇气，她耸了耸肩膀说：“You must do it once in your life.”（有生之年你也会这么做一次的）她还说荷兰人特别喜欢阳光晒过的深色皮肤，而她遇到的中国女孩却格外怕被晒黑。我说我不在意肤色，健康就好。她又耸耸肩说：“你说得对。可是那些女孩既然怕晒，为什么还要来巴厘岛呢？”东方人的审美和西方人的有所不同，我们一直渴望拥有白皙的皮肤，而他们喜欢阳光晒过的小麦色皮肤。荷兰女人不时表现出她看不惯中国女孩子那种娇生惯养的做派。也许她是对的。就在那周，我们和另一个小组的人一起在乌布（巴厘岛的艺术重镇）参加文化周，当中国志愿者顶着骄阳走了一上午、喊着要打车时，同组的一个16岁的德国少女嘟囔了一句，大意是中国人怎么这么娇气。当时我说我打算走路回去，德国女孩瞪着深绿色的大眼睛对我说：“我和你一起。”

我们一路同行，话虽不多，但彼此钦佩对方的毅力。但是我不知道，当越来越多的中国年轻人开始走向世界时，世界对我们会有怎样的印象？娇生惯养吗？

二

在这个小岛上当义工，我们每天的工作就是洗海龟池、给海龟洗澡和喂食。洗海龟池时，我们会赤脚踏进池子里，放掉污水，刷掉池底的海龟粪便和龟壳上绿油油的分泌物；然后冲洗池子，冲洗干净后堵上出水口，让水灌满整个池子；最后在水池里撒上一把新鲜的海藻，满意地看着海龟们游泳。

这里有绿海龟、长头龟、太平洋丽龟……海龟的种类很多。

Aguse是这个志愿者组织的工作人员，一个瘦高的印尼小伙子，曾在乌布的酒店里当过3年服务生，学了一口流利的英语。

Aguse负责为海龟们准备食物，他会蹲在雨林里，用木块当砧板剁金枪鱼，剁好的鱼肉我们会用来喂海龟。在他工作时，总有一只毛色黄白的土狗趴在他身旁，垂涎欲滴，正要靠近，刀柄就咚的一下敲在它的脑门上。它应该很久没有饱餐了吧，一根根肋骨顶着薄薄的肉皮。在喂海龟时，我会偷偷丢金枪鱼的鱼头给它吃。海龟终日饱食，池底有很多鱼肉都被浪费掉了，我就把多余的鱼肉从池子里捞出来喂狗。另一位29岁的荷兰女人看到后冲我嘘了一声，说她不能这样做，但会替我保密。我当时想，生命怎么这么不平等，受保护的稀有海龟能吃到上好的金枪鱼，顿顿吃撑还浪费掉许多，而那只瘦狗只能舔舔砧板上残留的肉渣。

可怜的不只有那只小狗。有一天，Aguse在海滩上捡到了一只巨大的海龟，它的皮肉裂开着，淡黄色的肉里流着脓。这里没有专业的兽医，甚至连给人看病的医院都没有，条件特别简陋。Aguse说海水会治愈它，于是我们把它带回了饲养池。这只笨笨的海龟不停地用头撞击着池壁，鲜血从撕裂的伤口中流出。我真怀疑它的记忆是否只有几秒，不然它为何一直在那里不知疼痛地做无用功，撞得头破血流。但我很佩服它的恒心，岁月并没有让它屈服于艰苦的环境，它依旧充满野性。池水很快就被染成了血色，在芭蕉树碧绿色的叶子的映衬下显得特别刺眼。我觉得，人类看似在做“良心工程”——维护地球物种的繁衍，但对一只海龟来说，一生的自由都因此被残酷地剥夺了。

三

喂养海龟之余，我也会去海岛各处游玩。挑了个天气很好的周末，我们去了水晶湾海滩，一个肌肉紧实、皮肤黝黑的大叔带领我们下海浮潜。在深蓝色的海水中，大叔显得特别灵活，他虽然没有受过专业的游泳训练，却游得很自如，犹如一条黑鱼。我也试着潜入了海水中，透过目镜，我看到阳光投射到七彩的珊瑚礁上，如金色的鱼鳞一般，美好至极。没一会儿，我看见大叔噌地一下潜到了海底，他掰下一块橙红色的珊瑚给我，珊瑚滑腻腻的，散发着腥味。

之后我们去了海边看悬崖瀑布，这里人迹罕至，石头台阶很陡且没有扶手，宽度不及脚的一半，途中我险些摔倒。这一路，头顶是悬崖上的热带植物，脚下就是淡蓝色的大海，很刺激也很享受。当到达"瀑布游泳池"时，女孩们纷纷下水。仰浮在水面上，我看到垂直的悬崖遮住了半边天，悬崖的缝隙里长着树木；趴在水面上，可以看到池子下方汹涌的大海血盆大口似的吞没了礁石，一跃而起的海浪瞬间被礁石击碎成白沫……

这是我第一次参加"义工旅行"，不是像跟旅行团那样走马观花，而是深入地了解一个地方。在这个几乎与世隔绝的小岛上，我看见了美丽的热带景色，并被深深地折服；我遇到了岛民、同行的义工，被他们的纯粹和率性所吸引。我感激人生，感叹深度旅行所带来的无穷的幸福体验。

◎夏 雪

异域中式胃

关键词：中餐馆 美食 异国

一

从加拿大到美国，一个多月，跟团加自由行，时差倒到后来，时间已经消失了。提醒时间的是一日三餐，一个任性的、中式的胃在异域仍不肯迁就，用几十年形成的惯性呼唤熟悉的味道，但闻到的多是令人犯怵的炸鸡汉堡味儿。

寻找中餐馆成了旅途要事。跟团时住得较偏，不好找。自由行又太自由，睡完午觉有时下午4点多才从酒店出门，去完一个地方，餐馆已关门。

比如在西雅图，去完派克市场已是晚上7点多，该市场的前身是乡村集贸市场（这里也是星巴克品牌的诞生地），有不少农产品摊位，想着餐馆应该不少。谁知这一带多是咖啡馆，好不容易找到一家潮汕餐厅，却已打烊，不接待了。这天的午餐是在微软公司园区内的西餐厅对付的，此刻只想吃些咸的、热的、中国的食物，哪怕一碟蛋炒饭，一碗热汤面。但愿望还是落空了，空气中没有一丁点儿与中国有关的气味。

次日吸取教训，赶在中餐馆打烊前大快朵颐一番，才算肠胃规整。再次上路，我做了大盒的卤牛肉、卤鸡蛋，还买了一盒沉甸甸的午餐肉罐头——不像旅行，倒像远征。

在温哥华的最后几日，我们住的酒店里有公用厨房，厨具齐全，我赶紧奔到附近市场及中国城采购了一堆食物。煎荷包蛋，蒜爆生菜，用袋装的雪菜笋丝做了锅汤面。其实也简单，但和厨房里另外两位老外的晚餐蔬菜沙拉、番茄酱意面相比，中国人吃得如此麻烦而执著。

老外好奇地过来参观中华料理，我的民族自豪感油然而生，为祖国饮食文化之丰富。

不过，我也有点儿羞赧——未免太执念于吃了！沿路的中餐馆里，一桌肴馔酒香的多是中国人聚餐。还有希腊餐厅、日本料理、泰国餐厅……凡人气兴旺处，必有中华儿女的身影。

这一个多月的异国行程，许多次，在街头咖啡馆见人们用餐，盘内盛的不外乎简单的几样。似乎，聊天也能充当食物。

还有一次，在温哥华的大巴上遇到一个男子，他拿着一块全麦面包，在最后一排看书，淡金的发，白衣，瘦削俊美，有修行者的气质。安静的力量从他身上发散，他看得很专注，阳光透过车窗打在书页上，他整个人布着光氲。

“清洁的肉身”，我脑海里掠过这句话，唯有清洁的肉身才能散发这样清洁的气质。你能想象他不是拿着全麦面包，而是举了只油腻的鸡腿吗？

肉体作为盛装灵魂的容器，荤腻过甚，浊气多少也会渗入“灵”中吧？

二

多年前采访天津一位很有个性的父亲，按我当时供职的时尚杂志的套路，要问不少生活化的问题，比如你和美食的关系之类。

通常，被采访者也会兴致盎然地表示爱生活、爱厨艺等，但这位仁兄立即挡回了我的问题。“吃有何可说的？”他很干脆，说和女儿吃得一点儿不复杂，比起在吃上花时间，他更愿带女儿参加一些活动，如去寺庙感受与世俗生活不同的氛围……

他的回答让我对“吃”重新认知。我对美食一直孜孜以求，还买过不少美食书。这一刻，我忽然意识到自己浸世俗之深，求口腹之切。也许那不仅仅是对食物的诉求，还伴着某种中国式的紧张、焦虑……似乎，只有在熟悉的食物与餍足中，人生才有安全感。

曾经，我认为饕餮是种率真美德，现在觉得，那其实是人对自我心念的放纵。许多时候，不是肠胃饥饿，而是口舌或欲念的饥饿。

我对自己暗暗有了与此前反向的希冀：少一点儿，素一点儿，慢一点儿。与瘦身无关，那是从口腔通向内心的路，并不比越过一把刀的锋刃更容易。

希望再次踏上旅程时，不为吃什么而纠结，随遇而安，不急吼吼地到处觅食。放下对吃的焦灼，那样的路途，会是另一种景况。

◎陈蔚文

行走是最好的阅读

行走时，我们会看到不同地方的人，我们会吃到不同的食物，行走是对自己灵魂的一种救赎，行走是最好的阅读。

行走是最好的阅读

关键词：行走 救赎 旅程 阅读

有那么几年，每到春天，我都会去湘西凤凰一趟，去看我的房子。是的，我在沈从文的凤凰买了一套房子。那房子临着沱江，买的时候我就念着，如果有一天，我老了，就住在那里，开一家小旅馆，读读沈从文，写写小说。

这理想灿烂，让人燃烧，可买过房子以后，我陷入经济困境，而凤凰日趋商业化，仿佛也背离了我的初衷。有很长一段时间，那房子一直空在那里，成为我每年去一次凤凰的理由。

去凤凰，多是坐绿皮火车，那旅程是我最喜欢的阅读内容。

若是没有买到卧铺，在硬座，我遇到的阅读内容多是喧嚣，近似于一本通俗小说。身边除了推销香烟、啤酒、矿泉水的声音，便是陌生男人在一起讨论历史悬疑、官场秘闻。

总会有一个能说会道的人掌握着常人不知道的秘闻，天知道那其中的真实性有多少，在这样的内容中，我获得了一种特殊的愉悦和满足。

如果是在卧铺车厢里，那么，便可以读到不同家庭的温暖内容。睡在下铺的老人通常是一个故事的中心，睡在上铺的年轻人对老人的照顾让人感到活着的暖意；或者是一个小孩子的单纯，逗得相邻的陌生人宛如熟识。

这些都是旅行中最为舒心的阅读内容。

行走必然是一种阅读。不只是路上的风俗和人情，自然风物也是打开我们内心的一页内容。

前年年初，我去了三沙永兴岛。那是一个在纬度上打开我们想象的热带小岛，那里的海水，比“清澈”这两个字更清澈；那里的云朵，比“纯白”这两个字更纯白。那里的景致除了让人张开双臂陶醉和沉浸其中之外，再也想不到更为合适的动作。

我在贵州的一个小山村看到了树皮纸的制作过程，那一道又一道的复杂工序，让我感受到旧时的人们为了制作一张可以写字的纸所耗费的时间和力气。而所有这些都只是为了让一首唐诗或宋词写在纸上，流传下来。

我在湖南乡下看过杀牛。那杀牛的年轻人，从磨刀的姿势到每一刀下去的速度，以及肢解牛时使用的力道，都是舞蹈。杀牛前的祭祀是对生命的敬畏，杀牛后的肢解是对牛的身体结构进行探索的艺术。

我读过梵净山的云朵，那是云的河流；我读过长白山的云朵，那是云的集市；我读过海南的云朵，那是云的画展；我也读过我家乡的云朵，那是我所有的童年。

我吃过黄河里的鱼，那是黄河下游到处流传的一句情话；我吃过东海里的鱼，那些鱼将它们在海水里见到的一切都告诉了我；我还多次在南海的渔船上吃过渔民们刚刚打捞上来的鱼，那些鱼的味道是一种秘密，食用它们就是对大海的一种了解。

一个人，如果一生都不离开家乡，那么，他便是没有家乡的人。

我们对万事万物的认知，都源自参照物的变化。行走时，我们会看到不同地方的人，不同的人会让我们看到不同的自己；我们会吃到不同的食物，不同的食物会养育不同的自己。

行走时，自己也是陌生的。因为我们每天和不同的人打交道，吃不同地方的食物，所以，我们变成更丰富的自己，变成更加清楚来处和去处的自己。

行走是最好的阅读。日常生活中的我们重复、单调，过度熟悉的生活程序将我们逼迫成一台固定空间里的机器，我们的灵魂在日常生活中是沉寂的。行走却不然，它强调感受，强调接受每天新鲜而美好的景致和相遇。

行走是对自己灵魂的一种救赎。所以，如果你觉得生活僵硬，缺少意义，那么，背包上路吧，你一定会找到自己喜欢的阅读内容。

◎赵　瑜

黔东南，时光

关键词：黔东南 苗寨 织布 生活方式

腊月里，我与另外两个女生出于对传统手工艺的热爱，深入贵州山区的苗寨住了三周多。有一天我们在丹寨县的湖南街上找吃的，看到一条岔路后面的空地上有四五个苗族妇女在排织布用的经线，我们走过去一探究竟。

由于我自己有学习织布的经验，看到他们这样手工排经线十分惊讶——且不说现在绝大部分的布都是由机器批量生产出来的，就算是手织布也基本会用到各种辅助器材，就拿排经线来说，大多数人都会使用经线板，这样一个人在室内就可以完成了，不需要这么多人一起做，更不需要到户外露天的广场上拉开十几米的架势。可转念间，看着她们快乐的样子，我又觉得这样也不失乐趣。

我们在边上看了会儿，经线排好了，接下来就要把这些排开十几米的纱线卷到一个木轴上，之后可以放上织布机。我们几个也忍不住加入了整理经线的行列，与她们一起卷纱线。

随着一声高呼，这庞大的工程总算大功告成，这些经线的主人王大姐招呼我们说："走，回家去了！"刚好我们非常想看王大姐的织布机，便跟着她回家了。

到了王大姐家，打开门，里面只有一个通间，放着一张大床和一张小桌子，窗前养着一只漂亮的画眉，在竹编的大鸟笼里兴奋地蹦跶。鸟笼边便是一架织布机，与江南一带的织布机结构差不多，但是更窄一些，像是有好些年头了，木头结构已经磨损不少。

坐在织布机上的是王大姐的婆婆，老奶奶不太会说普通话，正在低头织一匹绿底上浮出红色菱形图案的布。

"我们几个穿的衣服都是奶奶织的。"身边的一个大姐说，"今天排的经线是给奶奶织下一匹布用的，织好了就给我们七个人每人做件衣裳。"

"奶奶织的布都是你们自己拿来穿，不拿出去卖吗？"我问。

"是啊，你看她穿的，就是上一匹布做的。"

她指向一个年轻些的姑娘，她身上穿着一件紫色横纹泛蓝色点点的短褂，很特别。姑娘红了脸低下头笑。

这时候炉子上的酸汤锅已经煮好，王大姐边拿着一盆肉和菜往里放，边对我们几个说："猪是早上杀的，菜是外面园子里自己种的，你们放心吃啊。"坐在旁边的大姐给我的碗里倒满了酒，一阵醉人的香气马上弥漫开来，她说："这是自家酿的红薯酒，很好喝的，好多城里人还专门来我们这里收购呢。"

我这才意识到，原来这是王大姐家为了庆祝完成整理经线、感谢其他几个妇女一起劳作一天的聚餐，而我们三个陌生人因为这手织布的缘分也聚在这里，分享她们的生活乐趣。这一顿饭吃了两个多小时，不胜酒力的我们也被带动着喝了好几大碗。

我突然有点理解这里的人们为何总是用一种不那么“有效率”的方式做事了—那些我们早已经靠各种先进技术、工具省略掉的过程，却是他们日常生活的一部分，也是生活乐趣的来源。都说流光容易把人抛，但村寨里的日子反倒像是把时光抛下了。当然，坏处是在这个“效率”和“产能”至上的社会里，他们在经济上落后了；好处，则是不再被这些别人提出的指标追得焦虑不堪。

这大概是两种截然不同的价值观，没有好坏之分。你爱自己努力赚钱后坐在巴黎左岸的咖啡馆品“蓝山”晒太阳，他只爱每天下午喝上一大碗自己酿造的红薯酒。虽然像两个平行的世界，但是奇妙地存在于同一个时空，各自沿着自己的轨迹展开着。

我想，如果每个人都有权选择自己想要的生活方式，不被干涉，不被随意评判，按照让自己舒服的节奏过日子，就很好。

◎Didi Wu

朝圣者的背影

关键词：朝圣者 信仰 虔敬

从青海的互助出发，沿青藏线行走在前往格尔木的路途上。上路之初，扑进眼帘的除了戈壁还是戈壁，对于久居城中闹市，每天过着出门被车流堵，回家被人流困，挣扎于日有焦躁，月有抑郁，一年下来几近崩溃边缘的我来说，满心情愿就做这茫茫戈壁中一块空想安宁的石头，年年岁岁看天上云卷云舒，任自由的风妄来又枉去。

漫漫戈壁，一条路通往远方，瘦长又孤独。远方究竟有多远？谁也不知，也许就是天尽头。天的尽头又有谁知？只有路知。路知一切却永远如智者般默默无语。

我们知之不多却喧闹无比，久而久之又会心生厌倦。

就在这时，我们看见了前方的朝拜者。

起初，他们只是我们远方视界里的两个红点，及到近处，我们才发现那是两个朝圣者，一老一少。老者五十岁出头，少者二十几岁。他们身着绛红衣装，是在寺庙里才能一见的喇嘛穿着的僧服，那绛红在尘灰色的戈壁荒漠中显得深沉而又醒目，绝不带半点轻浮。

车子呼啸着就过去了，两个本是在车子前方的红点迅疾就转移到我们身后。一车人惊呼着要下车拍照。

司机马师傅有一个跟著名的大提琴家马友友一模一样的姓名，但是，为了跟艺术家有区别，他在递给我的联系卡上只写着马师傅。这是一个洁净而有信仰的小伙子。他将车子停在了离朝圣者尚有一段距离的路边，为的是尽量不惊扰他们。

一车人等不及朝圣者三步一匍匐的慢节奏，他们像山坡上滚落下来的石头般挡都挡不住地往朝拜者的近前轱辘过去……我犹豫再三，也做了同样的石头。我不是一个狂热的摄影爱好者，我只是不想在这样荒寂的路上错过什么。我想于近前看看朝圣者的面容，我还想看一看他们的眸光里有什么可以告诉我。我是一个好奇的人，好奇的人都不想错过不该错过的。

老者在前，身板挺直，坚定而又执著地行进，弯身，匍匐，五体投地。少者离他有两三百米的距离，跟在老者的身后，三步一伏身，三步再一伏身，跟老者形成连绵和起伏，持续地五体投地着。人群像石头一样把他们的路挡住了，他们不得不像水一样暂时停驻一下。

这一刻已近正午，四野无风，炽烈的阳光正当头顶。汗水从朝圣者的额头流下来，老者的脸、面、肩、臂被日光晒得黝黑，像矿石一样闪着明亮的光泽。我在人群的外边，看见照相机拍照时闪过的刺眼的光，这些不自然的光有些让人不舒服。而老者面带温和质朴的笑，不急不躁地原地站立，就像风中的一棵树一样自然而然地呼吸吐纳。人们七嘴八舌地问："你们从哪儿来？"老者说："从来的地方来。"

人们再问："要到哪里去？"老者说："要到去的地方去。"再问其他，老者便笑而不语了。但他也并不阻挡拍照的人们，于他来讲，日光之下什么都如日光一样不可躲避，既然不可躲避，那么就平心静气地承受。

无论包围他的人群有多紧密，他还是按照自己的节奏双手举过头顶，在这天地之间，旁若无人地上路了。人们知趣地闪开，老者继续他的匍匐，很快就成为人群视线前方的一个红点。

人们愣神观看老者的背影，忽然想起后边还有一个少者。那少者有些羞涩，还不等人群围拢就远远地止了步子。马师傅用青海话问他："小师父今年多大？"

"27。""从哪里来？""塔尔寺。""要到哪里去？""拉萨，布达拉宫！""从塔尔寺走到这里走了多长时间？""两年半。"人群中立时发出一片唏嘘。有人算了一笔时间账，要从这里走到拉萨，最少还得两年半。

回到车上的我们做着各种假设。假如，我们也选择他们这样的生活，不失为一种自由和单纯。可是，让我们每天在这条路上重复相同的一个动作从早走到晚，我们做不到。如果身边有经过的人、车，我们内心会做个比较，人家可以那样活，为什么我非得这样活？如果路边有花草牛羊，我们也会忍不住看上它们一会儿，想来这样活，不如就做一株草、一朵花更天然自在。

有人问，他们夜里在哪里睡觉？有人注意到老者和少者的前方有一辆带棚子的小三轮车，他们吃的喝的用的全在那辆三轮车里。可人和车子怎么才能共同走到前方？还是马师傅经多见广，他了解这条路上发生的许多事情。"他们两个先要把车子骑到前方，再步行回来，三步一匍匐地走到车子跟前，做一个记号，再把车子骑到前边，返回到记号处进行他们的修行……"也就是说，如果有2000公里的路程，他们实际要走4000公里。有人说："他们不会雇人骑着三轮车在前方等着，省得重复走回头的路，干吗那么较真非得一步不差地走，又没人监督他们……”

马师傅眼睛盯着前方：“有个词叫苦行僧，说的就是他们。因为他们有信仰。”

一车人再无语。

也许，圣者和凡人的区别只是瞬时的一念之差。如果说我们每一个人心中的远方都有一片莲花，凡人忽视近前的每一天，一心只想着那个远方，恨不得一步登天；而圣者是以虔敬和朝圣的心使自己步步为莲，一步一莲花，最终，生命经历的过程圣洁如莲。

夜读南怀瑾，有这样一段话：“人类的心理毛病，喜欢远的事情、困难的事情，尤其是不易得到的事情，所以重难而轻易，重远而轻近。”

从格尔木返回的途中，再次遇到那两个朝圣者，他们依然是我们初见时的模样，明亮、圣洁而有光泽。车子与他们擦肩而过，回眸再看朝圣者逝去的背影，我想从此以后，我该行走在无所畏惧的路上，没有什么沟坎是跨不过去的，如朝圣者那样跨出坚实的每一步，大道朝天，生命的河流会一直朝前。朝圣者的背影，不仅仅是我记忆中的一个远方，他们会一直近在眼前。

◎胡　玥

陌生的感动

关键词：旅店 陌生人 柔情

世界上最好的酒店

朋友从摩尔多瓦返程。

她在那里住的是一家很便宜的青年旅馆，条件虽然艰苦些，但也干净整洁。开店的是一个老头，60多岁，慈眉善目。

临行告别，她去火车站。火车很小，一共4节车厢，人不多，每节车厢不足10个人。

车快开的时候，她突然看到那个青年旅馆的老板气喘吁吁地跑到站台。老板是来找她的，由于她是东方面孔，所以很好认。老板跑上车，把她的一把梳子递给她："这是在你房间找到的，你看看是不是你落下的。"

那把梳子确实是她忘在旅店的。

我的那位朋友是学酒店管理的。回来说起这事，她说，在酒店管理课上，老师曾经讲过，世界上最好的酒店，在客人退房的时候，不会先去看客人在房间内有什么消费，而是先帮客人整理一遍房间，看看有没有落下东西。

西北大汉的柔情

在四川遇到一个姐姐，刚从青海过来。

青海的旅游交通做得不好，很多景点之间不通车，自助游客要想过去只能搭车。经过大家总结，搭那种拉货的重型卡车成功率最高。

于是，这位姐姐也大胆地第一次拦住一辆这样的重型卡车，司机想都没想就同意了。车子开动，她却后悔了——兴奋劲儿过去之后，她发现这位司机是个彪形大汉，而且车里只有他们俩。

卡车速度慢，折腾了一天还没到地方。夜里，卡车司机把车开到一个路边小旅馆——为了节约成本，司机们经常住在这种前不着村后不着店的地方。司机下了车，付了两个房间的钱，对姐姐说："你住这屋，我住那屋。"然后拉开外套的拉链，从怀里掏出几样东西，说："这，是我的身份证嘛；这，是我的驾驶证嘛；这，是我的钱包嘛。你都拿着！明天再还给我嘛。"说完，进屋睡觉去了。姐姐回到房间，将对折的钱包摊开，里面有一张很可爱的小女孩的照片。她将这三样东西放在枕头下面最安稳的地方——只怕放在别的地方，不小心碰掉在地上，沾染了哪怕一丝灰尘。

常 客

到瑞典的哥德堡市中心已经是傍晚，我来到一家名叫SOLROSEN的素食餐馆，打算吃顿晚饭。

虽然是素食，但做得有滋有味，老板一看就是个耐心却不计较的经营者，而且据说这家店还是很有历史的。

这家餐馆柜台上摆着几幅照片，我以为它们跟很多Lonely Planet（旅行指南）上面推荐的餐馆一样，都是用来彰显餐馆吸引过多少社会名流的。只是这些照片上的人，我一个都不认识。

趁老板打酒的工夫，我开口问道："老板，这些都是当地的名人吗？"

老板用他并不流利的英语说："哦，不。他们是以前常来的顾客，但都已经去世了。我会想他们，就放了他们的照片。"

5米林硬币

去突尼斯旅行，走的路线颇为"经典"，沿途遇到的当地人的骗术也是花样百出。这给我们的第一印象非常不好。

有一次，我们打的从景点回旅馆，坐在车上一直抱怨景点里面遇到的当地人有多么不厚道。那位司机是本地人，听着我们的抱怨一直没说话。

像许多出租车司机一样，他的仪表盘旁边也放着一些找零用的硬币。我有个爱好，去一个国家旅行，总喜欢收集那个国家的硬币，于是就恳请跟他换一些我没有的硬币，他欣然答应。到达目的地，计价器上显示4第纳尔。我们付了钱，下车没走多远，就听司机在后面喊我们。我心想：唉，又被讹上了！因为之前有一次打的被司机莫名其妙地多收了50%，于是就想着这次花多少钱可以免灾。只见那个司机费力地掏了半天，掏出一枚罕见的5米林硬币。

这种硬币在当地就相当于我们的1分钱，因为没人用，也就慢慢被淘汰了，不过很有收藏价值。他拿着那枚硬币说："这个送给你，作为突尼斯人的礼物吧。"然后，他就开车走了。

◎米 周

水碗倒映整个天空

关键词：图瓦人 铜碗 奶茶 简单

图瓦人布云的家里没有杯子，只有碗。他家人喝酒喝茶用的是从巴基斯坦买来的铜碗。布云说："玻璃杯是不好的，像人不穿衣服一样。酒和茶的样子被人们看到了，它们会羞愧。"

"谁们羞愧？"我问。

"酒、茶、水、汽水它们，不好意思呢。"

"那你用瓷杯子嘛。"我说。

"瓷杯子嘛，我在布尔津的饭馆里见过。酒在里面憋屈，那么小。你知道，酒不愿意待在小东西里，它喜欢大缸。"他指了指西边，西屋的大钐刀边上放着布云酿的骆驼奶酒的酒坛子，他喜欢管它叫缸。"还喜欢待在皮囊里，最小的地方也得是酒瓶子里。"

我在布云的家里用巴基斯坦的扎哈拉人（蒙古人支系）制造的大铜碗喝奶和奶茶，一条小河从他家的窗户下流过去，河水泛青。我在新疆看过的河大多是青色的，如冻石一般，只有伊犁河黄浊。他们说用伊犁河的水煮出来的羊肉最香。在喀纳斯——这里是图瓦人和哈萨克人的乡土——青碧的河水从戈壁石的河床上流过，激起细碎的白浪花，像啤酒沫一样。河水绕过松树，流入白桦林里面。落叶松像山坡上睁着眼睛张望的狍子。松树的阳面微红，是像肉煮到五成熟那种鲜嫩的粉红色，而背阴的树干呈黑褐色。落叶松的脚下铺满去年的松针。冬天，这些松针保管在干净的积雪里。雪化后，松针一片金黄。落叶松落下这么高贵的松针，真有点可惜。如今松树枝头长出了新叶子，像肉色的小松塔或小花蕾。山坡上，松树错落排列，似僧侣下山散步，走进布云的家喝茶。

布云听说我去过俄罗斯的图瓦自治共和国，喜欢听我讲这个国家的一切，特别是关于总统的事情。我说："他们的总统四十多岁，笑眯眯的，背着手逛商店，或者坐在广场的长椅上晒太阳。"

布云听得眼睛亮晶晶的。他把嘴角上拉，说："是这样子吗？总统笑眯眯的？"

我说："正是。总统右手无名指戴了一枚琥珀的银戒指，左手食指戴一枚西藏绿松石的银戒指。"

布云摸自己的左手和右手，说："我也要有那样的戒指，人人都可以有银戒指。"

"我的故事讲完了，该你吹楚尔了。"我说。

布云从墙上摘下用芦苇做的笛子，他们叫楚尔，用嘴角轻轻吹。旋律轻柔而忧伤，仿佛在叙说湖水、雾和白桦林的样子。我觉得梅花鹿如果会吹笛子，吹的就是楚尔。它的音色传达的正是动物的心情。松鼠看见露珠从松针上垂直坠落。羊羔在河边看见一条小鱼卡在水底的石缝里。猫头鹰看见月牙坐在松树的枝杈上，后背让露水打湿了。布云的楚尔正在表达这些情境。简单，说幼稚亦无不可。布云本人就很简单幼稚。愿长生天保佑他越来越简单，越来越幼稚。在这里，奸诈没有一点用处。

我拿铜碗，舀一碗泉水喝。布云的泉水从山腰取下，放在维吾尔族人的大铜壶里。他认为水和铜壶相互喜欢。我走到房门外边，见绊着马绊的马两个前蹄一起往前蹦，找新草吃；黄色的山羊群急急忙忙跑过来；白云像围脖一样遮住山的胸口，却露出山峰的脸。我低头喝水，看见碗里竟然有玫红的霞光和刺眼的蓝天。碗装下了这么多东西，真是比杯子好多啦。

◎鲍尔吉·原野

海口的慢

关键词：海口 天空 骑楼 清补凉

题记：人生如同围城，城外的人想进去，城里的人想出来。

而每一座城市又像一个个人，有自己的相貌、个性、脾气、经历……

你也许爱它，很投缘；也可能讨厌它，隔阂重重。不管你是土著还是过客，它容纳着你，烙印着你的过去、现在或者未来。而你，也该将它记录下来，也是记录下自己的人生，此为——城记。

海口对我的启蒙是天空给我的：云朵的样式，空气中让心、脾都打开的干净。每一次抬头看天空，我都能看到诗句般美好的鸟雀。怎么说呢，一个没有在海口生活过的人和在海口生活过的人，对空气的理解是不同的。海口让我知道，这个世界并不是只有北京那样的雾霾，还有像海口这样长久的绿，以及永远飘逸的云彩。

海口临海，风一吹，城市便拐了弯。是的，这座城市只有一条路是直的，那是旧海口机场的跑道。那些弯弯曲曲的巷弄，破败、小气，哪儿像个省会城市啊。多数有过大都会生活经验的人初来海口，定然会生出失望的情绪。

海口本土的人却没有这么敏感，这些吃鱼虾长大的人没有多少虚荣可言，他们在意的不是高楼大厦和衣着光鲜，他们中的一些人一辈子打着赤脚穿着拖鞋，却开着百万豪车。这种被乡土生活浸染的城市土著还没有完全被大都市调教过来，他们活得自由，活得慢。

慢，大约是岛屿生活的特性。

到目前为止，已经有数千万年历史的海南岛，从未与中国大陆相连过。这种疏远的地缘关系，造成了海南岛独特的生活节奏。

有一个好笑的事，在1988年海南岛未建省之前，海南岛全岛的居民若是看央视一套的《新闻联播》节目，必须通过飞机运输录像带。这样，每天海南岛的居民打开电视看到的新闻，是大陆人昨天看的，永远差一天。

慢，属于城市性格。初到海口的时候，我租住在海府路一栋居民楼里。同楼居住的多是大陆来过冬的人。也会有本地人住在楼里，极少，他们比大陆来的人热情，喜欢问东问西。有时候，我会敷衍他们，说一句“我是大陆来的”，表示自己什么都不知道。“我是大陆来的”，这样一说，表示对话基本结束。本地人知道大陆来的人不喜欢他们的懒散。

“大陆来的”，这是我刚到海口时常听到的。去菜市场问菜的价格时，对方见我一无所知，会笑容满面地问一句：“你是大陆来的吧？”夜晚吃路边的夜宵，同样，只要一问，人家便会半是猜测半开玩笑地说一句：“你是大陆来的吧？”

这日常的问话，已经将他们隔离。相对于大陆来的人，海口本地的人慵懒、不较真，对生活和物质没有太多紧迫感。说到底，这里的人从未因为意外而饥饿过。他们抬头看到的是挂在树上的椰子，有人戏言，只要往路边的地上插一根筷子，都会生出芽苗。在这样一个人均土地占有量较多的岛屿上，他们不必为生计辛苦，他们有的是时间谈论生存以外的话题。于是，海口的街头，走几步便有一家老爸茶馆，一年四季，不论何时都坐满了人，里面的人，没有一个有要紧的事情，他们都是闲人。如果你在某天下午到海口的街头，会发现，整个海口，有三分之二的本地居民都坐在茶馆里，讨论一些无关紧要的事情。

我曾经刻意地坐在他们中间，叫一份小甜点，一壶老爸茶，听听他们的对话——自然是一句也听不懂，海南方言比外语更难懂。虽然听不懂，但看在眼里，也知道他们正谈论些什么。几个男人如果围着一张长长的纸条说个不停，那一定是买码的。南方的地下六合彩很发达，几乎每一个人在茶余饭后都会买一些彩票碰碰运气。相比北方人的温饱主义，南方人早已经不担心肚子填不饱，所以，他们宁愿省下一些吃食，买张彩票。博彩业发达，也是南方人个性天真的佐证。他们中大多数人都喜欢买码，总觉得有朝一日会中大奖，过上锦衣玉食的生活。他们把大把的时间都浪费在讨论几个中奖的数字上，相比不远处站着的出卖苦力谋生的外来民工，海口本土的底层人可谓好逸恶劳。

也有一些人是单纯叙旧的，他们叫着久不见面的朋友的名字，声音忽高忽低，看得出来，他们没有什么要紧的事情，一会儿有人站起来接电话，走了，过一会儿，又赶回来。

一上午就那样坐在茶馆里，聊聊过去的旧光阴，日子虽淡，滋味却浓。

与浙江人或者福建人喝茶不同，与北京和成都的茶馆不同，海南人到茶馆里喝茶，喝的是时光慢慢流逝，喝的是从老辈人那里继承的那份悠闲。那些世俗生活里的小失意会在茶馆里忘却，不仅如此，年轻的人坐在茶馆里，听着旁边年老的人讲着那些生活趣事或警世的旧闻，那茶水滋养的不仅是心肺，更是情商和人生况味。

茶馆里少见女人。在海口，女人是要挣钱养家的。在海口的大街上，骑着三轮摩托车载客的多是女性，她们在炎热的天气里奔波，有着救世的勇敢。而男人们悠闲地在茶馆里坐着，一生就像一帧帧黑白照片一样，慢慢地在暗室里显影，终于在这种悠闲里沾上了时间的灰尘。

有友人来海南旅游，我带他去看骑楼。这些南洋风格的建筑照顾着生活在这个城市最底层的人。骑楼的建筑样式是这样的：所有的建筑都有一个走廊，走廊与走廊相连，一条街又一条街均是如此。若是遇了雨，行人不需要打伞，只要在骑楼的廊下穿行即可。

骑楼里是一条老街，一些小巷弄里住着海口的原住民。入夜，小巷里会有一些小吃摊摆出来，几个人围坐在一个火锅旁。这里不叫火锅，叫打边炉，想象不出这名字的来历。也会有穿着睡衣的一家人模样的一群人坐在一起，说着陈年的事，啤酒瓶摆了一地，好像他们已经说了很久的话。

带友人逛完骑楼，吃完晚饭，我们会去这些巷弄里找一种消夏的食物，叫作“清补凉”。

所谓清补凉，自然是清新、滋补、凉爽的意思。这种饮食，只在夏季的傍晚时分才有卖的。清补凉选用椰子水加冰块做底汤，然后将已经煮好的绿豆、红豆、玉米粒、薏米、汤圆、芋头、山药、花生等数十种食材加上切成丁的西瓜、火龙果等多种水果。这种类似于八宝粥的冰粥，入口便将整个海口的新鲜感一口吞下了。这真是海口写给外地人的一封信，内容丰富，且充满了喜悦。坐在那里，吹着海风，听着附近传来的海南腔调的戏曲，看那摊位上的阿姨一勺勺地选择豆类和水果，慢腾腾地，像是选择一个温度适中的词语。就那样，在阿姨不紧不慢的动作中，我向友人说起海口生活节奏的慢，便多了些趣味。

物质像宗教一般，渐渐成为统领一切的信仰。多数城里人疏于见面，或者将联系方式改为短信或微信。而海口的老爸茶馆里人依旧很多，他们从春天坐到夏天，从夏天到春天，天天见面，仿佛也有着说不完的话。

这些海口的原住民，用他们的慢为海口的生活方式做了注释。是啊，本来海口一年就只有两个季节：春天和夏天。从夏天到春天，要经过9个月的漫长等待。这么慢的岁月流转，总会有一些花朵成熟，有一些滞重的心事慢慢淡化，有一些刻骨的喜悦留下来。

我喜欢海口的慢，云彩像油画家笔下的景致，风也是。我相信，世间所有的美好都源自时间的停留，都源自参与进来的人能够安静下来，将自己的心神安放好。

在海口，坐在一棵榕树下，或者坐在夜晚的大排档里，我常常觉得自己也是一朵云彩，飘逸、悠闲。

◎赵 瑜

云下的日子——厦门

关键词：厦门 鼓浪屿 生活 文艺

题记：人生如同围城，城外的人想进去，城里的人想出来。

而每一座城市又像一个个人，有自己的相貌、个性、脾气、经历……

你也许爱它，很投缘；也可能讨厌它，隔阂重重。不管你是土著还是过客，它容纳着你，烙印着你的过去、现在或者未来。而你，也该将它记录下来，也是记录下自己的人生，此为——城记。

清晨的海边，30来个小孩占领了一大片沙滩，搭了迷彩帐篷，还有绿色的盾插在沙滩上，是某个夏令营吧。小孩们已经热得头发都湿漉漉的了，男孩子只穿着短裤奔过来跑过去，女孩子的刘海全紧紧地贴在脑门上。

不远处，拍婚纱的一队人马站在粉色夹竹桃旁边，新人倚在栏杆上摆姿势。长长的咖啡色木栈桥上偶有环岛骑行的双人自行车驶过，后座上戴墨镜和大檐帽，背单反相机的长裙姑娘心情应该很不错，因为那个前座上的男孩在满头大汗“嗨嗨嗨”地蹬自行车。

我看得入迷，忘了自己是带了拌米粉来海边吃的，一不小心抖翻了塑料袋，汤水全洒到裙子上了，酱油色配白色，只好赶紧将污渍处揪起来挽个结，一边短一边长地去海里，试试能否洗得掉。然后呢，在沙滩上松松脚指头。

浪花一朵朵，但是好安静。头上大朵大朵的云，真像棉花糖的大派对。

这里是厦门最热的季节。

寻常生活

足够的湿度和适宜的温度让这个城市一年四季都枝繁叶茂。尽管在最潮湿的3月，你需要忍耐每天都能压出水来的地板和很有可能发霉的被褥，春节前后必须接受穿羽绒服才能度过的雨后湿冷，除此之外一年中大部分时候都还算舒适。

倘若你只在厦门的思明区内生活出行，那么它与你想象中的海滨小城是一致的。

长满夹竹桃的美丽环岛路、演武大桥附近的厦门大学、殖民时期的老建筑骑楼、最接地气的老社区，还有著名的鼓浪屿，坐着轮渡一会儿就上岛了。

但在思明区外呢，若想延续慢节奏悠闲小城的想象，就没那么容易了。它的节奏没有想象中那么慢，但也不是你经历过的那种快节奏。它也有现代的商业区，高楼大厦也是鳞次栉比，快速公交会在头顶的高架桥上飞驰，下班高峰也会堵车，接近工业区的话，城市环境也有让人不敢恭维之处。任何现代城市有的东西这里一点都不缺。

就连春季北方的沙尘暴，有时也会随气流刮到厦门甚至台湾的上空。台湾人很幽默，说终于闻到了故土的味道。

若论厦门的房价与消费水准，其实也不低，普通人的生活压力没想象中那么小，所以流动人口所占比例也没有一线城市那么高，福建本省人占大多数。

厦门一直都是让人心心念念放不下的城市。

即使昔日的小渔村曾厝垵已经成了遍地家庭旅馆、祠堂变咖啡馆的地方，但不妨碍每个人都可以去吹吹曾厝垵自由的海风，也可以在妈祖生日时听听老戏台上的戏班子唱唱《风流皇帝》；即使厦大已经变成了半个旅游胜地，但对生活于其中的学子的读书、谈恋爱也没什么影响；即使香火不断的南普陀寺每日人来人往门槛都要被磨平了，但那里的佛学院依旧保持良好传统，好学的僧侣衣袂飘飘，总去大学旁边的书店看书买书。

无关生意的地方，厦门依旧很好。

植物园的草地上依旧有母亲推着婴儿车踏着红色的木棉花散步；废旧的铁道旁依旧有老厦门人摇着扇子纳凉聊天；山顶的小公园，早晨依旧有人在练太极拳；中华老社区的市井百态依旧很鲜活；喝功夫茶的人依旧不介意一个烂板凳坐一上午；卖豆腐脑的大叔和卖烧仙草的小姑娘都很客气；出租车司机会给你讲讲金门岛什么样，赖昌星是怎么回事；常去的餐馆老板一定记得你最爱吃干笋炒肉；卖枇杷的人不会少秤，要下雨了，卖木瓜的大娘会多给你个木瓜；顶沃仔的那家咖啡馆无论什么时候去坐坐都很舒服，地板上有一面透明玻璃，还能偷偷看到楼下服装店的姑娘。

中山路老虎城背后的小巷子里有一家不著名的卤面店，汤汁绝美，比月华沙茶面有过之而无不及；莲花公园附近难找的一条路里有家私家厨房叫草根堂，其米酒好喝得不得了，是朋友聚会的好去处；在它不远处，有一家做姜母鸭的店，味道也很好；中山公园西门附近有好多梧桐树，那片都是老房子，有家小门脸卖土笋冻，吃起来很过瘾，芥末味直达天灵盖，是很奇特的体验。

就是这样一个城市，让人恋恋不舍。

鼓浪屿的无奈

如果看到过如上那么多面的厦门后，就不免会为匆匆游人惋惜，他们眼中的厦门无外乎环岛路、鼓浪屿、厦大、南普陀、中山路——它们只不过是厦门的一面而已。

这些地方里，被关注最多的当属鼓浪屿。在老一代人眼里，那里有舒婷，有林语堂，有乡愁，人们唤它是“琴岛”；在新一代人眼里，鼓浪屿是“张三疯”，是“赵小姐”，是“Babycat”，是文艺小清新的地标。

2009年的时候，岛上的泉州路上还极少有店铺，只有一两家旅馆，尚可安安静静走到要走的地方。待到2010年，整条路已经都是文艺清新小店铺，开着绚烂三角梅的墙角霸道地出现了霓虹灯。岛上出现越来越多有“调调”的家庭旅馆、咖啡馆、杂货铺，每一家都有猫，每一家都有明信片。看上去都很美，但扎堆就会闹得慌。

岛上著名的娜雅家庭旅馆已开疆拓土，将版图扩大了几倍；“张三疯”的奶茶卖到了20多块一杯，旁边还开了一家“潘小莲”酸奶店；赵小姐的店里笔记本卖得飞快；Babycat的私家馅饼已经是上岛游玩的默认伴手礼……

当地小吃诸如海蛎煎、鲨鱼丸汤、土笋冻等，生意也是好得不得了。猪肉松、鱼肉松，游客都是一打一打买。水果摊上的红色莲雾在北方游客眼中很新鲜，一人一串，咬到嘴里发现味道也不过如此。

每逢节假日，网络上都会出现鼓浪屿人潮汹涌的照片，每次都会迎来相应调侃:“哇，会不会把岛压沉了啊?”

调侃归调侃，鼓浪屿依旧在飞速变化。本岛居民越来越多地迁到岛外，因为除了越来越吵，就是越来越挤。而店铺房租也飞涨到连馅饼界“一哥”Babycat都难以忍受，并公开吐槽，还放弃原店铺，一部分老房子、老院子被有钱人偷偷买下做私宅，还有更多的老房子被拆掉或改建成会所、酒吧卖红酒。

朋友林征伟是厦门本地人，他很有主意，上大学没多久就退学，选择到鼓浪屿去写生，画那些正在消失的老建筑，一画画了六七年。他笔下的老建筑一栋栋消失了，每次到鼓浪屿他都要先痛心好半天。

上岛后必经的龙头路如今已经是个大杂烩，连丽江的披肩花裙都已经批发到那里卖，星巴克、麦当劳更少不了去凑热闹。哪里人多，哪里的人就会越来越多。

游人没空也没精力换个路线走走。比如龙头路向左，你向右试试。

很遗憾他们看不到鼓浪屿的背面，那里游人很少，有落到海面上蛋黄一样的夕阳，有古老的码头，有靠岸的小船，有写生的学生，有遛狗的男人，有钓鱼的老人，有归巢的鸟，有爬满了藤蔓的老房子，有路灯下吃饭的一家人，这些情景，没有足够的时间和好奇心是看不到的。

而在这些只有门牌号的紧闭的大门后，中华路13号的舒婷大概已经没什么人会去拜访了，漳州路44号的林语堂故居也早已荒废，无人光顾，偌大的院子草木丛生，树影斑驳。

其实更有意思的地方，是不收门票的啊。

文艺厦门

作为开放城市和沿海侨乡，厦门对于一海之隔的中国台湾与日本文化的吸收也明显多过内陆，所以在创造力方面一直不输北上广。

这些年出现在媒体上的独立家居设计师、服装设计师、插画师、独立杂志创办人有不少来自厦门。而他们在做的事情不仅局限在厦门本岛，通过网络和其他渠道，在任何地方都可以看到他们的动态及最新的作品。近几年，他们的事业发展之快也非常值得称赞。

还有本土创意文化公司会将本土文化与现代流行商业元素结合，甚至衍生出一些可供销售的旅游纪念品。

细究下来，厦门的种种文艺做派，其实与台湾不无关系。看过海峡博览会就会更深地了解，如今的台湾在生活产品设计理念层面确实超前大陆太多，而厦门因为与台湾的物理距离很近决定了它们之间的交流会更直接。

有例为证，台湾慈济基金会在厦门设立了静思书轩，那里的工作人员多是修行人士，以女性为主，个个身姿挺拔，面容祥和，书店里出售很多国学与佛学方面的书籍，除此之外，还有一些创意产品，都是日常生活用品，比如笔、纸、健康素食等。门口的对联写得意味深长："青山而不争，福田用心耕。"

也许这对联正如厦门这座城市，它像一个美好的女性，善解人意又不多言，不卑不亢顺其自然，来则迎去不留。

它不是只有小清新的云上天堂，它是人间烟火、悲喜冷暖都会有的地方，它是云下的日子，只不过，看你更爱它的哪一面……

◎玛雅绿

世界那么大，我想在路上

关键词：穷游 年轻人 意义

让我们谈谈穷游的年轻人

在柬埔寨，一条开往洞里萨湖的船上，只有我和一个以色列商人落单，于是我俩便开始有一搭没一搭地闲聊起来。他开门见山地问："你住的旅馆多少钱一晚？谁来支付你的旅费？你在哪里上大学？谁来支付你的学费？"

我并未感到被冒犯，因为他和水上划皮艇的小哥是这样打招呼的："嘿！你一天能往返几趟？每趟挣几美元？你们家有几个人挣钱？"犹太人对金钱有着天生的敏锐嗅觉，大概因为他们是"被上帝选中的"生意人。

当谈到青年旅馆这个话题时，我们产生了严重的分歧。

"我永远也不会住青旅，如果碰见了一对情侣怎么办？"他问我。

"即使是情侣也会乐于交流的。"我说。

“不不不，我是说，如果你和一对情侣睡在同一个房间怎么办？”他瞪大了眼睛看着我，一副“你懂的”的模样。

“噢！”我总算理解了他的意思，“放心吧，他们分开睡。”

“是吗？”他看上去仍然很怀疑，“我可不想尝试。”

“作为一个独行者，如果住在酒店的豪华房间里，你只能跟镜子里的自己交流，这趟旅行便失去了一半的意义。”

“我不想跟别人交流！我已经受够了没完没了的电话会议、电子邮件、待办事项，人与人交流时都互有所求，我只想一个人安安静静地待着！”

“好吧，可是对于年轻人而言，这是他们认识世界的方式，你至少应该让自己的孩子多尝试一些。”我建议道。

“每次全家出国旅行，我都会雇司机、专车和私人导游，即便是在最贫穷的地方，有钱也能办到。”他掏出手机给我看照片，“我有三艘游艇，一座建在海上的房子，一家自己的公司。我这么努力地工作，不是为了让我的孩子独自睡在男女混住间！”

“好吧，你是个好父亲。”我没想到他如此富有，但还是坚持道，“不过还是让我们来谈谈那些独自上路穷游的年轻人吧。”

穷游的意义

穷游，顾名思义，口袋里没几个钱还想着去旅游。对于一个年轻人而言，如果不寻求父母的支持，外出旅游的经费可能是你一边读书，一边做了三个月兼职才攒起来的；或者，你依靠一份微薄的薪水，省吃俭用了大半年，才勉强凑够了廉价航空的机票钱。

要想真正了解一座城市而非仅仅游览它的景点，你可能需要将行程延长至一个月甚至更长时间，这也是你“穷游”的根本原因。

你不得不乘坐又挤又闷的长途夜巴士穿越国界；为一碗更便宜的咖喱饭多走三个街区；你穿过满是流浪狗的小巷寻找一家廉价旅馆，结果却不得不忍受下铺无休止的鼾声；因为落地签比纸质签便宜10%，你心甘情愿地在混乱的边境多排了三个小时的队。在柬埔寨时，我曾听见一对结伴的朋友争论午餐的内容，中国女生埋怨法国男生磨磨蹭蹭，建议到便利店里买一袋饼干、一瓶矿泉水，然后直接出发，结果法国男生在便利店里转了一圈，两手空空地出来了，他义正词严地说：“一袋饼干要一美元！一美元够我们吃顿像样的午饭了！为什么不让我吃饭！”——你将一遍又一遍地重新认识钱的价值。

你还将找到机会，重新翻开那本始终难以读完的书。经历过动荡的旅途，看过难忘的风景，你会觉得平日沉迷的通俗小说的狗血情节是那样平淡无味，远不如生活本身精彩，而那些你曾经觉得艰深晦涩、乏味费脑的作品，却承受住岁月的洗礼，在某个夜晚重新焕发光彩。你将以一种全新的、平和的心境，与那个虔诚的写作者产生超越时空的共鸣。

当然，最重要的还是你在旅途中遇见的形形色色的人。当你独自加入一群年轻人时，你会彻底地打开自己。没有压力，也没有焦虑，旅途中的大多数人都自然而然地呈现出最美好的一面，你们记不住彼此的名字，却都成了最真实的自己。

除此之外，你还将见到冬夜里聚在一起拾柴烤火的流浪汉，围着浴巾在浑浊的河水里洗澡的女人，在街头遛恐龙模型的动物保护者，特拉法加广场化装成青蛙的卖艺者，京都地铁站穿着和服的新嫁娘……人们姿态各异，但都坚强地活着，因为生活本身就是一件有意义的事。

当然，你也会遇到各种各样的麻烦。但是，你最终会练就一身解决麻烦的好本事，冷静地站在异乡的十字路口，笃定得如同手握无形的指南针。这种笃定将一直在潜意识中鼓舞着你，如同头顶的北斗七星，指引你走过人生的十字路口。

认识这世界

在我发表完长篇大论后，以色列商人总结道："好吧，你的意思是，年轻人独自穷游的意义在于磨炼自身毅力，学会解决问题，并重新审视生活，是吗？"

"这是我最初想表达的，但我现在改变主意了。"我笑道，"旅行的意义应该是日出时照进庙宇的那一束晨光，是风中飘来的不知名的花香，是伴着鸽哨扑棱棱飞过头顶的鸽群。而你刚才总结的那些能力，只是旅行带来的附属品。旅行不是手段，它本身就是目的。"

"那么，问题又来了，从青年旅馆窗口看到的风景一定会比从豪华酒店窗口看到的风景更美丽吗？"他追问。

"不会，但是你会更感动。"

你会更感动，所以，当你坐在通往洞里萨湖的旧木船上，闻着旱季里水道的恶臭，望着两岸破败的越南浮村——人们在此出生、成长并死去，孩子们光着身子在泥地里游戏，男人们日复一日地在浑浊的水中捕鱼，妇人们在晒满布料的平台上种满橙黄的花朵——你的眼中会蓄满即便无用却依然动人的悲悯，而非"世事原本如此"的淡然。

我想，直到最后我都没有说服这位以色列商人，但我重新说服了自己。我想，当我成熟并忙碌后，我会在难得的假期找一片海滩晒太阳，品尝昂贵的红酒和海鲜，充分放松并享受宁静。然而，在我年轻的时候，我想孤身上路，去发现并认识这个世界隐藏的诸多难以言说的秘密。

◎林诗涵

人在囧途

我们生活在一个充满logo的时代，会习惯将那些遥远、璀璨而举世皆知的logo到处贴，所以大多数时候，我们生活在一个想象中的世界——法国人都很浪漫，巴西人都在沙滩上踢足球，印度人都骑着大象、吃咖喱，西班牙人一天到晚看斗牛……实际并非如此。

人在囧途

关键词：东京 伦敦 旅行

东 京

我在东京旅行的时候，住在表姐家，表姐夫妇白天要上班，我就一个人乱逛。有一次去书店，逛到卖漫画的那一层，我深感日本人对于漫画的喜爱真的是名不虚传——书架前安安静静地站立着一排老老少少的男人，他们有的背着书包、穿着校服，有的拎着公文包，西装革履；有的看上去是一副刚发育的青涩模样，有的两鬓已显灰白……但他们都沉浸于面前的漫画中，如同专心修炼的术士，浑然不觉肩上背包沉重，久站双腿发麻，恍惚间青春已逝，双鬓染霜。

作为“拍照狂人”，我觉得这一幕十分有意义，但又不敢明目张胆地拍，怕冒犯别人，于是我一直在边上溜达，伺机下手。为了不显得异样，我煞有介事地从门口拿了一个购物篮，假装很认真地在挑选。我被自己的演技深深折服了，还顺带产生了一点儿感慨：首先，日本中学生生活真幸福，他们就算口袋空空也没关系，依然能在放学路上拐进书店，站着看完新一期的漫画连载，再回到书桌前面对挑灯的长夜，这样的日子多么有盼头啊；其次，在世界各国出版业连年衰退的大背景下，日本出版业依旧欣欣向荣，一套书就几十册，书店门口放着一摞购物篮，在这里，买漫画书就和买白菜一样，都论筐。

我大概溜达了快一个小时，才捕捉到一个既没有人挡住镜头也没有人注意到我的瞬间，按下了快门。我对自己的成果感到非常满意，唯一奇怪的是，我明明表现得很自然，为什么来来往往的人总是用一种高深莫测的眼光看我呢？

回到表姐家，我立刻高兴地把照片拿给姐夫看，并绘声绘色地描述了拍照的艰辛过程。姐夫听完，对我竖起了大拇指："你难道不知道自己逛的地方是哪里吗？你一个女孩子，敢在成人漫画区溜达一个小时，那些男性顾客心里肯定都对你敬佩不已！"

伦 敦

伦敦的泰晤士河边有一个小丑，当你路过的时候他会兴高采烈地跳出来和你照相，然后再向你索要10英镑肖像费。

在茫茫人海中，我有幸被他选中为艺术事业做点贡献。为什么呢？因为我是中国人，这基本上就是"土豪"的代名词；又因为我是女生，长着一副纯真无害的模样；最后因为我孤身一人，童叟可欺。

但是我这个人从来不吃哑巴亏，于是假装天真地问："为什么我要给你钱？""因为你和我照相了呀！"小丑先生说。"和你照相了就要给你钱吗？"我也不甘示弱。"和我照相了怎么能不给我钱呢？"小丑先生大声问道。

他堵在我前面不让我走。我说我真的没有10英镑，他说你有多少给多少吧，1英镑、2英镑都行。我说我连1英镑都没有，他说你把钱包掏出来给我看，我就把钱包掏了出来—里面只有12便士和一张卡，非常不符合中国游客的风格。

我问他："12便士你还要吗？"他说："你怎么能只给我12便士？"我说："我就这么多钱，要不要随你。"他露出了一种非常受伤的表情，仿佛我的行为对他是一种侮辱，接着一挥手说："你走吧。"我立刻从善如流地消失了。

在泰晤士河边逛了一圈后回到地铁站，我居然又看见了这个小丑。他涂着一脸油彩，在伦敦11月寒冷的夜里，穿着一身十分单薄的小丑服，坐在地铁站前瑟瑟发抖地啃着一个售价3英镑却填不饱肚子的面包。

不知道为什么，我觉得有些惭愧。12便士对于他来说是一种侮辱吧？他不就为有口饭吃，我给他10英镑又怎么了？可转念又想，我也是穷游啊！他晚饭吃面包，我晚饭吃三明治，半斤对八两，但为什么我总感觉自己像欠了他似的，这么郁闷呢？

远 征

去年暑假，我在贵州参加了一次远征活动。远征期间，每人每天只有10元的伙食费，再加上户外便携式厨具十分不给力，高海拔地区饭也煮不熟，所以我们顿顿都是"老干妈"拌面。

远征有一个项目是骑行。某天，骑行队伍路过一个集市，队长开恩给每人发半个苹果吃。买完苹果，我厚着脸皮说："大娘，送我根香蕉呗。"大娘犹豫了一下，给了我一根，我把香蕉皮剥了，咬了一口，然后递给后面的队员，大家每人咬了一口，一根香蕉被5个人分食。大娘在一旁实在看不下去了，默默地又给了我一根。

除了吃得不太舒心之外，我们还没地方洗澡。如果扎营的地方有小溪，男生们就穿着短裤欢快地下水了，女生则只能沿途寻找公共厕所。某次，骑行领队联系了一所小学，学校允许我们在操场上扎营。我们搭帐篷的时候，领队轻车熟路地把学校的厨房门锁撬了——借个火煮饭，改善一下伙食。

进了厨房就有了水，女生们立刻兴奋起来。刚好教学楼和学校围墙之间有一小片空地，空地上还有晾衣服的竹竿，我们就把淋浴袋灌满水，派了两个人一前一后守住出口，然后轮流进去洗澡。这是我第一次露天洗澡，还是在这么宽敞的空间里，有一种奇异的羞耻感和兴奋感。

洗干净之后，又吃了顿好的，大家都情绪高涨，躺在防潮垫上看星星，还唱起了歌。过了一会儿，领队用异常沉重的语气说："有一件事情要通知你们。"大家有些紧张，有人猜："撬锁被发现了？"他摇摇头。又有人猜："有男生偷看女生洗澡？"他又摇摇头。

有人再接再厉："我们把人家井里的水抽光了？"他依然摇摇头。最后他把眼睛一闭，貌似下了很大的决心，说："教学楼后面装了个摄像头，你们洗澡的过程都被录……录下来了。"

◎林诗涵

时间已让我们的气息变得复杂，或者面目全非。但从这些人十年的轨迹来看，青春期的某些东西，比如对生活的热爱，对精神世界的向往和追求，还是在大部分人身上保留下来了。

摄影◎邹亚楠

摄影◎杨克勤

一路骑来，有幸遭遇罕见泥石流一次，翻车摔跤三次，大雪一次，冰雹四次。被恶狗追三次，被藏族小孩扔石头两次、踢屁股一次，摸黑赶夜路五次，外加大雨无数次……

我更坚信自己终有一天能够走出人生的困境，过上有尊严有品质的生活。因为我清晰地记得，曾几何时，在那个漆黑的隧道里，在我以为自己的锁骨、肋骨断了好几根的时候，有那么一刻，我在向着天笑……

摄影◎杨克勤

摄影◎BIG BANG

一个人，如果一生都不离开家乡，那么，他便是没有家乡的人。

在这里，时间仿佛静止了，没有繁忙的地铁，没有红绿灯，没有脚步匆忙的人群，没有高楼大厦，只有漫步的游客和坐着晒太阳的小镇居民。

摄影◎潘安建

摄影◎汪琪

日常生活中的我们重复、单调，过度熟悉的生活程序将我们逼迫成一台固定空间里的机器，我们的灵魂在日常生活中是沉寂的。行走却不然，它强调感受，强调接受每天新鲜而美好的景致和相遇。

我喜欢海口的慢，云彩像油画家笔下的景致，风也是。我相信，世间所有的美好都源自时间的停留，都源自参与进来的人能够安静下来，将自己的心神安放好。

摄影◎汪琪

摄影◎刘鹏飞

清晨出门，你是否感受到那一缕阳光的温度？步履匆匆的你是否注意到银杏叶已经挂满枝头？秋天到了，你是否会捡起一片落叶当礼物……

去英国旅行的妈妈

关键词：英国 妈妈 旅行 习惯

她是我妈。5年前，她把我送到欧洲读书；5年后，我毕业时，她要来英国看我。

我一开始不太赞成，这么大老远的，跑来干吗呢？她不会讲英文，做什么事都要我在身边，何况英国真的没什么好玩的。结果她还是来了。

我去接她，她一身冲锋衣，背个小书包，拖着一个拉杆箱，站在希思罗机场稍显土气。

和许多妈妈一样，她到了英国面临着很多的不习惯，而她的这些不习惯也让我无所适从。比如，她会在店里试衣服的时候用中文大声跟店员讲那衣服如何如何或是大了小了，以及自己原来体形很棒等等。而我只好在一旁飞速地挑重点翻译，最终告诉人家，我们再去别的地方逛逛好了。作为留学生，我平时很少去餐馆，就算去，也只去熟悉的几家中餐馆。

我带她去吃中餐，她吃得不开心：这东西国内只要一半的价钱就吃得到，你带我吃这个干吗？于是我从网上查了几家评价不错的西餐小馆，进去之后她又读不懂菜单。我给她从头到尾翻译菜单，通常是翻译后面几道菜的时候她把前面的给忘记了。最后她还是胡乱点了一个，上来胡乱吃掉了，回头还埋怨我，说不了解的地方就敢来，西餐也没什么好吃的嘛。我跟她解释，说这是网上评价很高的地方。

她教育我说，网上的东西不能随便信。虽然她从来都不是一个小气的人，可她却习惯于在每一个价格后面加一个零，将其换算成人民币，然后嘟囔一句："好贵啊！"她会嫌外国人办事效率低，说喊结账半天了也不来人，一个劲儿地让我催促。她会嫌弃外国旅馆的条件不好，钱没少花，却连双拖鞋都没有。她特别喜欢小孩子，看见"洋娃娃"总喜欢用中国人的方式逗人家，但我总觉得那样似乎不太礼貌。她喜欢照相，随时随地会摆出各种造型，而且对相片的质量要求非常高，人的大小、景物的高低都不能马虎，有时候为了照好一张相片不惜浪费很长时间。

有的时候，她让人哭笑不得。因为不会说英文，所以她特别愿意主动和一路上遇见的中国人尤其是中国留学生聊天——这让我很不习惯。留学生们和她聊了一会儿之后总会对我说一句："能带着妈妈出来玩，羡慕死我们了。"如果说这话的是姑娘，她就会在事后冲着我自豪地说："看，人家都羡慕你呢。"仿佛是她帮我在姑娘面前加了分似的。

有的时候，她让人觉得很无奈。她会跑进化妆品店，开心地对外国化妆品行业了解一番，虽然她很少化妆。我们的购物方式有冲突，这么多年独自在外，我的习惯是缺啥少啥径直走过去，拿了结账；而她习惯于国内有人陪伴的购物体验，对于英国店员总是站在一旁让你自己看来看去觉得很不理解。她总是拿起她感兴趣的东西让我在外包装上找出原料、原产地、生产日期，她会问我这东西是否适合她的年龄，而我一个男生，对化妆品着实不了解，就算叫来店员，也依然弄不懂这些复杂的问题。

有的时候，她让人很心烦。她有着女人特有的敏感和不信任。尽管从来没来过这里，地图也不在她手中，但她总是要对我选择的路线提出质疑。我在和别人交流的时候，比如问路、买票、结账时，她总是在一旁不停地提醒我，钱要点好、不要被骗、票据要写清楚、收据要留好等等，我在用英文与别人交涉的时候，还要腾出一只耳朵来听她喋喋不休的中文。

终于有一次，好像是因为办退税我们出现了分歧，我终于沉不住气了。我带着她走到海德公园，找了个长椅坐了下来，对她说，我累了，想歇一歇。她知道我不开心，倒也不急，坐在旁边，拿出那本Lonely Planet系列的《英国》慢慢看起来。那是一本又厚又重的书，也是她一路上带的唯一的一本中文书，已经被她翻了好几遍。有时候我在火车上醒来，就见她不是在翻那本书，就是在看着窗外。

过了一会儿，她轻轻地碰碰我，像个孩子一样对我说："我想上厕所。"

我叹了口气，把她带到附近的一个公厕，帮她投了50便士，看着她走进去。等她出来，我又带她回到了那条长椅上。

好像过了好久，她一直没有说话。我回头看她，她脸色很不好。

"我想你爸了。"她突然说了一句。

我忽然意识到自己做了一件多么可怕的事情。独自生活的5年早已经让我忘记了刚踏上这片土地时的恐慌。我很自然地认为，我知道的事情所有人都应该知道，但事实上，除了"English，no"之外，她几乎不会讲一句英文，更是一个字也听不懂。她仿佛身穿一件厚厚的潜水钟，而我是连接她与外界的唯一通道。虽然每天都和她在一起，但我走在街上可以听懂路人的议论，看懂公交车上的广告牌，而她除了我，只有那本《英国》。

我隐约记起，在我刚踏上欧洲土地的时候，也曾因为外文不熟，说话常常跳出中文；也曾经因为在餐馆聊天声音大引得邻桌频频侧目；也曾不习惯那血淋淋的牛排和苦兮兮的咖啡；也曾将所有的价格乘以汇率，然后畏首畏尾地花钱；也曾向“洋娃娃”抛过媚眼，被他们的父母回以善意的微笑；也曾随身带着相机，在别人的目光中留影纪念。

中西方的环境差异如此之大，我怎么可以期待她在几天之内就做到我几年才领悟的程度？她敢于自己买张机票，从熟悉的中文世界跑到万里之外的英国，就是因为我在这里，我是她的信心。

她确实愿意和遇见的中国人聊天，但往往都聊得很投机。很多人甚至和她互留邮箱，约定她回国之后继续联系。她确实喜欢通过我向外国人问这问那，但也说出了一些比我有深度的观点，让外国人惊诧。我们甚至遇到一位老教授，他为了听我妈妈讲中国，请我们吃了一顿价格不菲的晚餐。她确实做事很小心，可这是她一贯的作风，而我也因为保留了结账的票据，在稍后发生的事情上大大受益。

她虽不会英文，却倾其所有，让我接受了最好的教育。

我站起来，拉起她的手，对她说：“咱们走吧。”

“去哪儿？”

“白金汉宫。”

“那是哪儿？”

“是英国女王住的地方。”

她打开她的小书包，拿出那本《英国》，嘴中念着“白……白……白……”打算找白金汉宫的介绍。我把书接过来，翻到了那一页，边走边给她念：“白金汉宫，位于英国威斯敏斯特城内……”

一段念下来，她似听非听，眼睛看着远方。

“听了吗？”

“嗯。”

“看什么呢？”

她指着天边，对我说：“你看那边的天好低啊，云彩好像伸手就能够到。”

初秋的伦敦有些潮湿，温暖的太阳晒出落叶腐败的味道。我越过她的头顶向她指的方向看去，才发现，原来5年没有和她并肩走过，她竟然矮了那么多。

和她在英国的旅行已经过去了2个月，我们已经回国，而她也回到了自己熟悉的环境，每天依旧忙忙碌碌地赶场子上课，满意于饭店里服务员的速度，还有购物时被店员尾随着随时问这问那，就好像那一个月的英国之旅从没发生过一样。只是偶尔，吃过晚饭，她会对我和我爸说，她有时候会恍惚想起她在英国牵着我的衣角跟在我后面什么都不用愁地走着，那感觉真棒——我也记得那感觉，那年我4岁。

◎米 周

别吐，都咽回去

关键词：尼泊尔 滑翔伞 教练

我的一个朋友建议我一定要乘坐一次滑翔伞，否则就白来尼泊尔了。虽然我从小就抵触极限运动，但本着对那位朋友的信任，我还是去飞行俱乐部给自己报了名。说实话，上车前我的腿就开始哆嗦，而且双手冰凉。我想问飞行俱乐部不去的话能不能退钱，但又怕给中国人丢脸，因为在博卡拉，四周都是欧洲人。

小镇很热闹，很西方化。人们三三两两坐在路边等车上山。我边上的一个西方小伙子把两根绳子分别绑在两棵树上，坐进中间的塑料座里荡秋千。我跟同行的人说："你瞧老外多不惜力气，还随身带着个秋千出门。"后来我才知道，人家那是私人滑翔伞。

我站得腿都酸了，同伴让我找一个地儿坐，我低头看看："太脏了。"他怪叫一声："呵，让你坐椅子你还嫌脏，一点儿户外精神都没有，你看人家，都直接坐地上。"这时候，车来了，一车年轻老外啊！他们都是滑翔伞教练，边挣钱边玩，美景收藏完了就回国。每个人都在车里介绍自己的国籍，有荷兰、英国、德国、美国等，全车只有我一个中国女性，我甚至可以代表全亚洲了。

分配给我的是一个瘦小的马来西亚教练，他才来尼泊尔3天，还没我待的时间长呢。一想到一会儿得从山顶上往下跳我就浑身发冷。

这时候，马来西亚人对我招了一下手，然后很粗暴地让我自己把滑翔伞穿上，也不给说明书，还催我。幸亏我在山下看过那老外鼓捣秋千，摸索了一下就完成了。他把我身上各处的安全绳检查了一遍，然后说："你现在练习原地跑。"我就笨拙地开始高抬腿。他在后面大叫："这叫原地吗？"我心里想：你推我干吗？后来才意识到，来自背后的强大推动力其实是风。他把我拽回来继续练习，练了几下，我就大汗淋漓了。自己跑就够累的了，背后还得拖着个矮个子男人。

我正枯燥地自顾自蹬腿儿呢，他在后面大喊："跑！"又在后面使劲推了我一把说，"使劲往前跑！"我都不知道自己是跑了还是没跑，反正砰的一声，我再睁眼，大地已经在我脚下，我像一根羽毛飘在博卡拉的上空！

正当我沉浸在诗意的俯瞰中时，矮个儿男人忽然说："做个特技啊！"不容我反应，滑翔伞朝一个方向迅速坠落，猛一下又被吊起，然后是高速度旋转，像个陀螺。我连骂大街的意识都没有了，胃里的酸水迅速上涌。我用全部的力气说："我想吐！"身后传来一个冷漠而欠揍的声音："不行，赶紧咽回去。你要是吐到屋顶上会给居民带来厄运的。"我心里想：我是恶毒的巫婆吗？

我用意志力拦截着汹涌而上的液体，我望着大佛塔，在心里跟佛说，请不要让我吐，我不想给任何人带来厄运，这是一个如此美的地方。那一刻佛光普照了，我生生封住了自己的嘴，把涌上来的又咽了回去，逐渐不再恶心，我又看见了波光粼粼的费瓦湖。

矮个儿男人拿个大杆子，在上面拴个录像机，不停地拍照、录像，时不时让我看镜头，或者对着镜头说点话。他难道不知道自己有多烦吗?

像一张张漂亮的糖纸，无数滑翔伞缓缓地降落在费瓦湖边。湖边的男男女女都在喝啤酒。饮料是免费的，我拿了瓶果汁为自己庆祝。刚刚摆脱掉的矮个儿男人又来了，让我给他填一张类似售后服务表的东西，我按他要求的逐一打了勾。其实我很不满意! 后来他拿来两样东西，一张是写有我名字的“滑翔伞培训合格证”，一张是他的名片，上面写着美金兑换卢比的汇率。他说：“换钱的话找我，比外面划算。”我对他笑笑，默默地把收进口袋的名片揉成一团。

◎王小柔

在印度看病

关键词：印度 诊所 医生

在一盆棕色的水中洗完碗以后，餐厅的服务员将食物端到我们面前。看都不用看，我就知道他的大拇指肯定又浸在我的咖喱汁中。他放下盘子，将大拇指在裤子上擦了擦。我犹豫了十分之一秒，但是饥饿迅速打败了所有的考量。

虽然拉肚子已经成为一个非正式的印度旅游项目，我还是没有料到老公铭基那么快就中招了。出发去果阿的头一天晚上，他几乎是在马桶上度过的。看见他那么痛苦，我也担心得一宿没睡。眼看着天一点一点亮起来，去果阿的火车6点55分就要出发，我真不知道我们是不是应该推迟一天再走——在火车上拉肚子，想想都觉得是一场噩梦……铭基忽然又冲去厕所，这一次居然还吐了，可是他吐完出来，脸色苍白却固执地摇头："走吧，票都买了……"

拗不过他，只好背上背包出了门。清晨6点的旅馆有着难得的清静，守夜人就躺在狭窄走廊的地板上呼呼大睡。我们小心地跨过他，铭基在病痛中还不忘镇定地从旁边的柜子里拿出一卷卫生纸。我忽然觉得旅行前的准备还是不够充分，或许纸尿裤也应该列入清单中……

因为买的是Sleeper的票，车厢里没有空调，一路上温度不断升高，实在是闷热难当。我躺在上铺，时不时探头去看看睡在中铺的铭基，他还是不舒服，然而神奇的是自从上了火车，整整十几个小时他都没有再去厕所，一直坚持到了最后。这是怎样的一种意志啊！

到达果阿后，铭基的拉肚子症状渐渐减轻了，可是喉咙却发起炎来，吃东西时简直不能下咽。而这边我也叫苦连天：别人来到印度后都拼命拉肚子，我却可耻地便秘了……更糟糕的是右耳后面有个地方越来越疼。这情况从到达印度的第二天便开始了，之前只是按压才会疼，后来却变得好像偏头痛，时不时地自动发作，一扯一扯地令人抓狂。我一开始没当回事，后来实在疼得太频繁，不禁有些担心。

所以，好不容易来到果阿，我们拜访的第一个“景点”是当地的诊所。医生留着两撇神气的胡子，坐在一间陈旧得像是电影场景的屋子里，身前的桌子上贴满了各种诸如“笑一笑，十年少”之类的人生格言。虽然感觉自己进入了一部印度乡村电视剧，我们还是很高兴可以用英文向医生描述自己的病情。铭基打头阵，医生非常专注地聆听，不时地发问，然后不知从哪里找出一把很大的铁尺（或者是形似铁尺的东西），好像玩杂耍一样伸进铭基的嘴里压住舌头观察喉咙，看完以后又若无其事地把铁尺拿出来插在自己的上衣口袋里。离开后铭基同学非常惊恐地说：“难道不是应该用那种一次性的木质压舌板吗？”

由于这次喉咙发炎并非由感冒引起，铭基同学认为一定是吃多了咖喱的原因，可是医生听了以后却好像受到了冒犯。“不可能。”他斩钉截铁地摇头：

“印度咖喱绝对没问题！”那到底是为什么呢？医生想了半天，耸耸肩说：“旅途疲惫。”可是这旅途才刚刚开始没几天呢……

给铭基开完药，下一个轮到我。听说我耳朵后面疼，医生稍微吓了一跳。他在我耳朵周围用力按压了一圈，还拿出了听诊器，直到确定没有肿块也没有别的病症，这才松了一口气。我的判断其实就是上火，因为这些天吃了太多的印度咖喱，口味辛辣且不说，食物的组成也太单调：印度菜的荤和素界限分明，很少有荤素搭配的菜；几块肉永远孤零零地浸在浓汁里，没有任何蔬菜做伴。可是我的推测刚一出口，医生再次动了气：“肯定不是印度菜的问题！”连他的胡子都立刻激动地翘起来捍卫咖喱的尊严。

我赶紧投降：“OK！那肯定是……是旅途疲惫的关系！”

医生这才有点满意：“没错！而且你的耳朵非常非常干燥。”他用那和天津话有异曲同工之妙的印度英语说话，伴随着印度人特有的表示肯定时的摇头晃脑。

他在纸上写下龙飞凤舞的处方，一脸骄傲地交给我：“去药店买来这些药吃了，我保证你3天就没事！”

“那可真是太好了。”我迟疑不定地回答。

令人难以置信的是，3天之后，居然药到病除，疼痛完全消失了。

什么灵丹妙药这么有效？怀着巨大的好奇心，我们仔细研读了那一大串复杂的药名，最后不禁哑然失笑——

“旅途疲惫”的克星，原来就是维生素B。

◎傅 真

你真是中国人吗

关键词：中国元素 文化 Logo

在巴黎，埃菲尔铁塔的待遇有点像东方明珠之于上海。你远远看见塔了，就会被卖纪念品的小贩围住；许多路标都会告诉你如何更方便地接近塔。与铁塔隔河相望的夏悠宫是公认的观塔好景点，所以游客遍布，以至于夏悠宫周围的小贩都精通英、德、西、中、日等诸国语言。但你跟巴黎人提到埃菲尔铁塔，他们就会流露出上海人听到东方明珠或南京路时的表情。

这种表情，倘若用语言描述，就是："得了吧，游客才去那儿……"

我第一次去巴黎圣母院时欢欣鼓舞，跟同学大谈《巴黎圣母院》，人家一脸歉意。之后，当我试图跟人聊巴尔扎克、大仲马时，人家也是这种表情，就差直接跟我说："其实我们对这些没那么大兴趣啦。"

某天，法语课上，一群亚洲人里插进来一个巴西白人同学。我们立刻想到巴西的足球和桑巴舞，试图拿这些做敲门砖，跟他开聊。该同学憨厚地表示不看足球，也不懂桑巴舞。一个迷恋小野丽莎的日本姑娘急了，赶紧报小野丽莎的名字："日本和巴西混血的歌手，听过她的歌吗？"巴西同学泰然自若地摇头："没有。"众人面面相觑，若非不好意思，几乎忍不住再问一遍。

他真是巴西人吗？当然是，只是和我们想象的不同罢了。

我们生活在一个充满logo的时代，会习惯将那些遥远、璀璨而举世皆知的logo到处贴，所以大多数时候，我们生活在一个想象中的世界——法国人都很浪漫，巴西人都在沙滩上踢足球，印度人都骑着大象、吃咖喱，西班牙人一天到晚看斗牛……实际并非如此。当然，这毛病外国人也犯。意大利人写过许多关于马可·波罗的小说，所有涉及中国的细节，看着都像从港片里抄来的；歌剧《图兰朵》中有许多中国意象，比如花园、绢册、碗筷、木结构建筑，但细品一下，会觉得它有点像《功夫熊猫》——堆砌了许多人所共知的中国元素，但终究不是中国的。

所以，跟美国人聊天时，你会发现他们并不都对白宫、奥巴马、自由女神像、好莱坞、纽约扬基棒球队感兴趣；跟英国人聊天时，你会发现他们可能对莎士比亚一问三不知，并不是人手一本《哈利·波特》；跟日本人聊天时，你会发现他们并非人人都为江户时代和浮世绘自豪，也并非人人都读川端康成、三岛由纪夫和村上春树。

这个时代的异国风情，更像是旧时代的猎奇遗风。当初交通不方便，人们一辈子待在一处，所以往往具有地域属性。但这是个人人都有若干"故乡"的时代，世界各地的人都能买到苹果或三星手机、走进麦当劳、看LG的电视、吃速食意大利面。你在一架飞机上落座，周围都是天南地北的人。法国人、德国人、波兰人、美国人可能对本国那些logo式的文化支支吾吾，但都对《少年派的奇幻漂流》《寂静岭》《霍比特人》感兴趣，而且都会拿着智能手机看《江南Style》MV。

我有一个波兰同学，对中国文化很感兴趣。他刚认识我时，就常摆李小龙的造型，吐气发声："呼——呀！"我花了很久才跟他解释清楚，中国并不是人人都会武术，不是街边一个老太太就能飞檐走壁、登萍渡水……我不会剪皮影，也不会唱京剧——法国人也不是人人会唱《卡门》吧？我们不是走到哪里都带一套功夫茶具的，广东话也不是我们的官方语言……

某天，我们在一家中国面馆吃完拉面，结完账出门，隔着橱窗看见厨房里一个法国学徒正在拉面。波兰同学看着那根面一变二、二变四、四变八，直至千丝万缕，眼睛都直了。然后，他回头问我："你会吗？"我摇摇头。他立刻泄了气。

走了一程，他终于抬头，用开玩笑的、幽怨的、梦想落空的语气对我说："你真是中国人吗？"

◎张佳玮

你到底是做什么工作的

关键词：辞职 旅行 职业

除了有美妙的自然风光，喀拉拉还是印度知名的人文圣地。

我们计划在这里住四个晚上，可是选择的那家民宿只有后三晚有空房。于是，老板娘建议我们第一晚先住在她叔叔家里，第二天再搬去她那里。

喀拉拉人热情好客。从一进门起，叔叔阿姨就俨然一副要领养我们的架势，嘘寒问暖，把所有的大事小事都嘱咐了个遍。我和老公铭基都不是“自来熟”的类型，隐隐觉得有些压力。

第二天早上吃饭时，他们早就吃过了，可还是坐在对面，一边看着我们吃，一边和我们聊天，很快就把我们的来龙去脉摸了个一清二楚。了解到我们对印度的热爱，叔叔阿姨非常高兴，更令他们感到满意的是我们（曾经）的职业。“我也是做投资理财的，跟你算是大半个同行吧。”叔叔呵呵笑着说。

可是听说我们去年就辞职去旅行，叔叔阿姨似乎没办法接受这个事实。他们看起来满脸疑虑，可是出于礼貌又不好说什么。他们也完全没问我们去了哪些地方，旅途中有何感想，这个话题马上就被有意地忽略了。

话题转回到叔叔阿姨身上。他们兴高采烈地从壁橱里拿来一个漂亮的相架，挨个儿向我们介绍照片里的人。那是一张全家福，足有十几个人，不知是在什么场合拍的，每个人都穿着正式华丽的晚宴礼服，看起来简直像是只会在广告片中出现的模范家庭。

“这是我的大女儿，她是硕士毕业，旁边的这个是我的大女婿，在xx公司工作；我的二女儿，硕士毕业，在xx公司工作；我的三女儿，也是硕士毕业。”他一个个介绍过去，满脸骄傲。

我隐隐觉得有点不对劲儿，可又说不出来到底哪儿不对劲儿。

叔叔阿姨一共生了五个女儿，前面四个都已结婚，只剩下最小的女儿还住在家中。叔叔说为了小女儿的嫁妆，他一时半会儿还不能退休。小女儿此时恰好走进客厅，阿姨伸手一指，大声说：“这是我们的小女儿Jasmine，她是硕士！她在FedEx（联邦快递）工作！”

真的毫不夸张，就在那一刻，我的汗毛都竖了起来——当一个人的所有特点只能被简化为学历和工作，我就发自内心地觉得可怕。

我和铭基对视一眼，不约而同地以低下头去吃东西来掩饰内心的震动。可是叔叔还没有放过我们，他身体向前微微一倾，满脸严肃地问：“你们的父母分别是做什么工作的？”

这下我真的愣住了。向一个刚认识没多久的人询问他父母的职业，就算在中国，虽然不能说是匪夷所思，却也实在有些不合适。

我忽然想起了一件往事：当年刚工作参加培训时，作为一项培训项目，我和几个同事去英国的一所公立中学教了一天书。为了尽快和那些正处在叛逆期的青少年搞好关系，大家都互相做自我介绍，每个人都尽量说得有趣一些，现场的气氛非常好。可是，有位在迪拜办公室工作的印度裔女同事忽然像吃错药似的抛出一个问题："来，告诉我，你们的爸爸是做什么工作的呀？"

教室里顿时一片死寂。我盯着她拼命使眼色，可是这位印度女同事以为同学们没听清，开始逐个点名："你！你先说吧，你爸爸是做什么工作的？"

"我爸是救生员。"第一个被问到的女孩翻了翻白眼。

"我爸爸没有工作。"第二个学生很不情愿地小声说。印度女同事的笑容顿时凝固了。

第三个学生嘴角露出一丝意味深长的微笑："我没有爸爸。"

到了这个时候，我的这位女同事就算再迟钝，也终于明白自己到底问了个什么样的蠢问题了。此刻的我很想知道，如果把眼前这位叔叔放进当时那个环境，他会有何反应？又或许这真的是文化差异？他们习惯把人贴上标签，分类放进格子里，这是否是种姓意识在生活中的影响？

第二天，我们从叔叔阿姨家搬回原先订好的民宿。这间民宿的老板夫妇见多识广、经验丰富，对客人的态度亲切而不过度亲热，分寸拿捏得恰到好处。我们终于松了一口气。难得民宿的走廊上能收到wifi信号，于是我每天晚上都在走廊的桌子上用笔记本电脑上网、写日记，直到半夜才去睡觉。有一天，老板实在忍不住了，经过我的桌子时，唐突地停下来发问："你是做什么工作的？"

经过叔叔阿姨家的"前车之鉴"，我懒得和他解释什么辞职旅行的事，就直接告诉他辞职前的职业。

他却好像吓了一跳："你？投资银行？"

老板好像没有办法接受这个事实，从此每次见面都用古怪的眼神盯着我看个半天，似乎想从我脸上找出金融投资人士的轮廓来，可是一次又一次失败。

有一天，我和铭基特地起了个大早去郊外的小镇看大象洗澡。因为实在太早了，老板一家还没有起床，院子的大门没法打开。不想扰人清梦，我们犹豫了一下，直接翻墙出去了。

几个小时后回来，老板娘看见我们，非常惊讶。“我还以为你们没起床呢。”她说，“你们没有钥匙，怎么出的院门？”我们据实相告。

她倒抽一口冷气，整个人看起来都快要昏过去了：“我的老天！你们翻墙？”

晚上，我照例坐在桌前打字，老板经过时忽然停下了脚步：“听我太太说，你们今天早上翻墙出去的？”我点点头。“就为了看大象洗澡？”我又点点头。

他迟疑了一下，本想走开，可又实在忍不住，终于鼓起勇气又问了一次：“你，你到底是做什么工作的？”

◎最好金龟换酒

特立尼达：时间在此停驻

关键词：特立尼达 小镇 旅行者

色彩斑斓的小镇

在位于古巴中部的圣斯皮里图斯省，坐落着一座色彩斑斓的小镇，名叫特立尼达。1514年，哥伦布的部将德奎利亚尔发现了这块风水宝地，并在此建立了这座古老而美丽的城镇。说它是风水宝地，是因为小镇向北倚靠着埃斯坎布拉伊山脉，而向南几公里便是加勒比海。前有海，后有山，加上地处热带，可谓是真正的“面朝大海，春暖花开”。不仅如此，历史悠久的特立尼达还是古巴第三古老的城镇，从16世纪开始，殖民时期不同风格的建筑都被完好地保存了下来，也因此被联合国教科文组织列入《世界文化遗产名录》。当我停留在特立尼达的时候，镇里高低不平的鹅卵石街道、只有两三层的楼房以及人们仍然在使用的马车，都让我恍然间觉得自己好像乘坐时光机器，来到了处于鼎盛时期的西班牙殖民王国。

一个旅行者的遐想

我是乘坐中国宇通牌空调大巴从哈瓦那来到特立尼达的。在古巴，几乎所有的空调旅游大巴都是中国宇通。我遇到的古巴人总是兴致勃勃地告诉我，中国和古巴是好兄弟，中国帮助古巴发展经济，让他们用上了很多先进的东西。当他们得知我来自中国时，对我也都会多一点儿好感和照顾。

因为经常一个人背包旅行，我早早就订好了特立尼达的民宿。在古巴，民宿可以说是最受旅行者欢迎的一种住宿方式。相比价格昂贵的宾馆和拥挤的青年旅社，民宿的价格较为合理，而且提供单间、私人浴室，环境干净整洁，也更为贴近当地人的生活。我住的民宿位于小镇中心，房间旁边是一个小小的花园，而民宿的外头就有露天市场，当地人会在这里摆摊，兜售诸如木偶、首饰、古巴乐器之类的手工制品。

从民宿出来，走几步路就是镇中心——岁月广场。那天，我偶遇了特立尼达剧院的一场露天表演。艺术家们戴着面具，身着印第安人服饰，用极其缓慢的肢体语言演绎着西班牙殖民者入侵古巴的历史。周围聚集了许多当地人和游客，我不知道有多少人能够透过这场表演，看到遥远的几百年前的历史，从而体会这个国家在历史长河里所经历的一切：印第安人的安逸生活被几艘船打破，白人征服者来了，黑奴也来了。欧洲大陆对蔗糖的需求带动了古巴蔗糖工业的发展，而全球性的经济萧条又让古巴的经济陷入瘫痪。这一幕幕时而繁荣兴盛、时而满目疮痍的场景，就好像一幅幅画，在我眼前展开。若有人去描绘一幅古巴版的《清明上河图》，想来亦是值得端详、研究一番的。

回过神来，我已经走到了特立尼达最为著名、也是最有代表性的地方——传奇博物馆。其实它的名称直译过来应该是罗曼蒂克博物馆或浪漫博物馆，但其中所陈列的并非有关浪漫爱情之类的物件，而是特立尼达镇自建立以来所走过的历史轨迹，因此我更愿意称它为传奇博物馆——历史之传奇，建筑之传奇，故事之传奇。在传奇博物馆，可以感觉到特立尼达是一个充满色彩的安定之地。

小镇上的居民彼此之间都十分熟悉，我和民宿主人Pablo走在街上的时候，总是有许多人和他打招呼。这里的生活宁静而有序：白天，居民们经营纪念品店、画廊、餐馆等生意，到了晚上，老人会在家里看电视，或坐在家门口话家常，年轻人会在街上散步，或去街边的小酒吧要一杯鸡尾酒，然后或坐或站地聊天。也有一些人会去镇中心教堂旁边的“音乐之家”听当地乐队的演奏，兴致好的，会随着音乐在台下跳起萨尔萨舞（一种拉丁风格的舞蹈）来。而特立尼达最让我惊喜的，是人们仍然用马车作为主要的交通运输工具。街上来来往往的马车，发出“咯噔咯噔”的声响，让人仿佛身处中世纪的意大利或西班牙。小镇中心的路铺的都还是鹅卵石，且十分狭窄，因此汽车和摩托车也很少。

白天的小镇，即使是12月也十分炎热，太阳亮得刺眼。因为没有什么事情可做，所以人们大多坐在自家门口看来往的行人，叼一根雪茄，和其他人闲聊。在这里，时间仿佛静止了，没有繁忙的地铁，没有红绿灯，没有脚步匆忙的人群，没有高楼大厦，只有漫步的游客和坐着晒太阳的小镇居民。在21世纪的今天，特立尼达还保留着原有的静谧安逸，仿佛与喧嚣的尘世隔绝，自顾自地漫步在时间长河中。

◎何梦颖

世界上最好吃的东西

关键词：零食 罐头 枣脯 记忆

小时候，我特别爱翻我妈的五斗橱，趁她不在家，一个抽斗一个抽斗打开，最大的愿望，就是翻出一两样特别的零食。

有一天，在五斗橱的第二格，那个专门放我妈衣服的抽斗里，真藏着一盒好东西——北京枣脯。

我一个人发现了宝贝，激动的同时又有些心虚，急忙喊我哥——有同犯，作案更从容。

我哥打开纸盒，我俩默契地每人拿了两颗，然后他很有心眼地把剩下的枣脯重新排列，让它们看起来像是从未少过“小伙伴”。

那是20世纪80年代，零食那么少又那么贵，鲜枣都很少能吃到，更别说这种高级的，来自遥远首都的蜜制枣脯了，一颗一颗，褐红色，晶莹无核，纹路清晰，味道是那么的好——我无法形容当时唇齿间的感受。

吃完，受不了诱惑，我和我哥又分头拿了许多次，每次也就拿一点儿，盒子却慢慢显得空旷起来，就算再怎么排列组合，也无回天之力了。最后，只剩下孤零零的两颗！

我不记得后来的事情了，可以肯定的是，我妈没有说我们什么。可她为什么要把这盒珍贵的枣脯藏起来呢？也许，她是想挑一个更好的时机让我们“惊艳”一把的，但还没来得及，就被我们偷吃完了。

因为那难忘的滋味，我就此成了枣脯的忠实“粉丝”。上班以后，执著地买过很多种，却都不及那一年尝到的味道。

那时的零食还有一样很受欢迎——罐头。玻璃瓶里，普通的装着橘子瓣、梨块，高级的装着又大又圆又白的龙眼或者荔枝。到别人家做客，最好的礼物就是拎上两瓶罐头，既好看又有面子。等客人走了，我妈利索地把罐头收进柜子里，我们只好吞下满嘴的口水。

罐头瓶都有密封的铁盖子，要打开真不是件容易的事。我哥动手能力强，很快掌握了窍门，拿来平口起子，对准盖子和玻璃瓶之间的缝，撬动距离差不多的三个点，伴随一声美妙的“砰”，盖子被打开了，被关押很久的糖水因为得到自由，快乐得像要溢出来，这时，我哥会立刻先喝掉一大口，还解释说：“要是不喝掉，就流出来了。”

父母不在家，两个“小吃货”你一口我一口地偷吃罐头，一个看上去那么大的罐头瓶，怎么瞬间就空了呢？吃完后我们才感到不安：瓶子藏哪儿啊？我哥蹲到后院的下水道口，把罐头瓶扔进去，看它咕咚咕咚喝饱水消失了。

夏天，汛期的暴雨出卖了小孩子的秘密。那天，后院的下水道不听使唤了，顷刻间小院子被倾盆的雨水灌满，眼看水就要漫进家里来了，我爸撑起大黑伞，挽起裤腿去掏下水道——收获很大，从里面掏出了十来个罐头瓶。暴雨停了之后，我和我哥迎来的不是彩虹，是一顿结结实实的胖揍。

现在，超市里仍有罐头卖，各式各样的，盖子很好开启，瓶子还可以当水杯用，可吃的欲望，好像随着那一个个胖胖圆圆的瓶子，都沉进了时光的下水道。

还有一次，我意外地得到了一颗酒心巧克力——酒瓶形状，包装纸上印着英文，看上去是那么的高级洋气，我还是第一次见到。我该怎么和家人分享呢？经过郑重思考，我拿起小刀，切开，打算分成三份。好吧，里面美味的酒都流出来了，握着小刀的我是那么的惊慌失措。

之所以想起这些，是因为同事忽然聊起他最难忘的美食记忆。他说，小时候长在深山里，家里唯一的城里人是当警察的大伯。那天，大伯说晚上会回来，他便早早在门口等着。戴大盖帽的大伯果然神气地回来了，还带了一样他从未见过的水果——香蕉。

他说那是他第一次见到香蕉，分到一根后他快乐地走到一边，想吃，却不知道从哪儿下嘴——他不知道皮可以剥掉。最后，他是连皮啃的，却不妨碍他坚信，那是他吃过的世界上最好吃的东西。

是啊，世界上最好吃的东西，不过是童年偷吃的枣脯、水果罐头，流光了酒心的巧克力，以及连皮啃完的香蕉。

◎柴岚绮

没有大人的Party

关键词：家长会 告密 处罚

告密者

读高二的时候，有同学举报了我和另外2男3女一起，到其中一位大人不在家的同学那儿“鬼混”，想想看，“3男3女”“大人不在家”“鬼混”，这3组关键词放在一起，勾画出的场景，会让人联想到什么？这是我十几年读书生涯中受到的最严重的一次指控。当时，我和那几个同学恨不得爬上学校办公大楼，手拉着手跳下来，用血和脑浆溅成几个大字：“我们是清白的！”但一想那样会很痛，所以还是忍了，咬紧牙关回家，向父母汇报情况，并请他们息怒，明天到学校参加为我们6个人专门召开的特别家长会。

在这里有必要将我们的“犯案”过程作一个交代。那是临近期末考试的时候，一位关系要好的同学要过生日。由于平时学习太紧张，大家都希望有一个喘息的机会，释放一下身上淤积已久的压力。而恰好同学燕子家大人不在——她寄住在爷爷奶奶那儿，两位老人信佛，去赶庙会了，要几天之后才回来。于是，我们这帮半大的孩子，如同一群小老鼠终于找到一处没有猫的场所——在我们眼里，大人就是猫，这是毫无疑问的。

用递纸条、打暗语的方式邀约和商量之后，最终参与人数为6人，但此事被一位姓林的女同学察觉到了。此女自私、吝啬、贪吃、喜欢搬弄是非，而且她的长相还非常“抱歉”。大家可不想要一个吃得多又舍不得出钱，事后还会无休止地扯是非的人参与聚会，那就不是放松，而是找死了。大家都小心地避开她。她人胖却不笨拙，很快从大家的敬而远之中，看出了一些蛛丝马迹。她悄悄监视我们的行踪，并耐心地记录下来，当然，在记录的过程中，她还加入了大量的想象和夸张，在所有修辞手法中，唯独这两种她学得最好。

Party

我们并不知道身后有那么一双血红而阴冷的眼睛在盯着我们，还自以为隐秘地各自回家，向父母报告周末晚上学校要补课的消息。家长们一听，都很高兴，纷纷表示支持。

我们买了当时最流行的大虾酥、甜麦圈、瓜子和锅巴，还买了卤牛肉和凤爪。一位姓廖的同学还大逆不道地从家里偷来了他老爸的山楂酒。放学以后，我们6个人彼此心照不宣地笑笑，然后各自出了教室，走出校门很远，才聚到一起，欢欢喜喜地往燕子爷爷奶奶家走去。

燕子爷爷奶奶家住在一处幽深的老院子里。这是一座小四合院，四面住着不同的人家，院子中间有一棵巨大的黄桷树，它使得小院宁静而雅致。

我们鱼贯进入目的地。燕子中午已剁好了饺子馅，放在水缸里冰着保鲜。大家各自分工，开始了同学聚会的第一个程序：包饺子。

和现在孩子们聚会吃快餐、唱卡拉OK不一样，我们那时的聚会，通常是包饺子、吃饺子，吃完饺子坐下来吃糖嗑瓜子，吐槽最近的不愉快或讲鬼故事。我们也唱歌，没音乐伴奏带，通常是在吉他或别的乐器伴奏下大唱。最后，在父母容忍的时间内尽兴而归。最出格的，也不过是顺路的男女同学结伴回家。

那天，我们基本是按照这个流程度过了一个周末之夜。不知是因为学习紧张太久没有聚会，还是因为那瓶山楂酒的缘故，那晚我们显得特别兴奋，从包饺子、煮饺子到吃饺子，一直都嘻嘻哈哈，相互开着无伤大雅的小玩笑，特别是吐槽环节，大家更是大胆地点评了班主任和其他老师的种种令我们不快的行为，中途也少不了刻薄地嘲笑林同学，有“毒舌”男生称其为林大鼓或Pig林，这些玩笑引起一波又一波的夸张笑声。

我们并不知道，整个过程，都被跟踪而来并潜伏在窗外的林同学从头至尾听完。很难想象，饿着肚子怀着愤怒与嫉恨听着窗内酒足饭饱的同学开心地骂自己，是怎样的一种感觉？一蹲伏就是4个多小时，而且要保持高度的警惕，不被随时进出的人们发现，那需要多么强大的神经、忍耐力和敏捷性才能做到，但她居然做到了，这不能不让人佩服她的彪悍与无敌。

事后我们才知道，支撑她坚持下来的最大动力，来自她疯狂的报复心。从她向老师报告的内容可以看出，支撑她忍常人所不能忍的，是心中的那一股怨气，那该是多大的一股气啊！

处 罚

她向老师举报的有以下几点：3男3女去大人不在家的同学家里抽烟、喝酒、嬉笑打闹、恶毒攻击和嘲笑老师同学、唱歌跳舞、男生女生结伴回家等。

这些半真半假的情节，经她情绪的发酵和选择性组合后，在老师心中构成了一个巨大的概念——“鬼混”。

当老师以天快要塌下来的语气在紧急召开的班会上讲起时，全班同学，包括我们几个亲身经历者，都觉得发生了严重的事件。

没有经历过那个时代的人，永远体会不到那种让人窒息的恐怖。在那个周末，我们犯了包括撒谎、喝酒、诋毁老师和男生女生嬉笑打闹等“重罪”，而这些罪状中，又以男生女生嬉笑打闹最为严重，班主任是个严肃但又不失想象力的人，认定我们这个年纪的男生女生，就像一个个拧开了盖的手榴弹，危险性巨大，控制力弱，稍有不慎便会酿出难以收拾的大事件。虽然，作为老师，他防范心重是件好事，但在我们看来，他的好心实在有些多余，我们清楚自己在干什么——不是我们复杂，而是他们把我们想得太坏了。如同笑话里讲的精神病人扒女孩的裤子是为了抽橡皮筋做弹弓一样，我们的行为，与大人们想象的并不一样。同样的举动，我们是为了做弹弓，而他们所认为的却完全相反。

那次聚会，使我们的父母享受了参加特别家长会的待遇。挨了批的家长们也不含糊，照单全收地将批评放大后转赠给我们，并对我们处以痛揍、扣零用钱、夜间禁止外出等处罚。这也使得我们在高三毕业之前，再没有搞过类似的活动。

不过，我们也没忘记“报答”告密者林同学。我们仿冒她最喜欢的邻班帅哥的笔迹和语气给她写信，约她周四晚自习时在离学校4公里外的铁路边见面。那晚，她果然请了假，而且，老天开眼，下了场多年未遇的暴雨……

◎曾　颖

那些被我玩过的古迹

关键词：春游 古迹 遗址

小学五年级时，班里组织春游。大家带着食物一路步行，走过三号路，就到了大片的苹果园，再往前走是麦地，麦地中间凸起一横一竖两道土丘，上面长满高大的榆树、低矮的刺枣和荒草。

刚刚开春，植物还没返青，半人高的黄色荒草随风飘摇。爬上土丘，老师说这就是孔悝城，然后一声令下，大家开始埋锅造饭，并在荒草岗上玩耍、做游戏。后来我们经常去那个地方，因为在一马平川的濮阳难得有那么高大的土丘，又足够荒芜，随便藏身都没人能发现，是男孩子最好的“打仗”之所。

土丘约有一公里多长、两层楼高，最下面宽有七八米，土质明显比黄土坚硬，到处有雨水冲刷或村民取土挖的沟壑，还有一些圆圆的洞，也不知挖了多深。我们自顾自地在上面疯玩，在土丘上冲上冲下，扒着陡峭的土墙玩攀岩。

土丘的东侧有一大一小两个土台，大致呈不规则的圆形，没有树木，也少有灌木丛，只有满地茂盛的荒草。夕阳西下，八面风来，长草飘飘，颇有几分苍凉的古意。远处有座大圆丘，还长着几棵扭曲的老柏树。我们玩累了，喜欢在大土堆上歇会儿，待太阳落在远方的树林之后，就慢慢往家走，正好能赶上吃晚饭。

我们有时会遇上戚城的孬孩子。戚城是一个村子，那些孩子看见我们在土台上玩，就悄悄过来，一阵恐吓，抢走几角零钱，或踢我们几脚，宣布孔悝城是他们的地盘，市里的孩子不准过来。那时候村里的孩子都很威风，经常欺负市里的孩子。总体来说，只要没有戚城孩子的骚扰，那儿就是我们最爱去的乐土。

长大以后，读的书多了，我才倒吸一口凉气：敢情我们的乡间乐园是大有来头的。那个叫戚城的村子，名字来源于春秋时期卫国的重要城邑戚。早在殷商时代，戚就已经是著名城市，周武王伐商，曾朝食于戚，暮宿于百泉。别小瞧那些野孩子，他们住的村子实在历史悠久。

那座荒凉的土丘竟然就是春秋时期戚的城墙，距现在有两千多年的历史，土丘中间的豁口就是当年的城门遗址。当年孔子周游列国14年，其中在卫国住了10年——很难想象，我攀爬过的大豁口，就是他当年大袖飘飘，率领子路、子贡等弟子走过的城门。

戚城在当地被叫作孔悝城，因为孔悝曾治理过戚。我在孔悝城上看到的圆洞，有可能是考古学家考古发掘留下的痕迹，也可能是盗墓贼干的。看了濮阳的文史资料，说曾有考古学家对戚城进行了试掘，发现从下而上，存在着裴李岗文化、仰韶文化、大汶口文化、龙山文化、商周文化、西汉文化、南北朝文化。可能在秦二世时期，卫作为一个诸侯国彻底消亡，戚城也慢慢废弃了。

我们站在上面看夕阳的大土堆，学名叫作会盟台。由于戚当时在古黄河南岸，处于各诸侯国的地理中心，水陆交通便利，就成了一个会盟场所。在公元前626年到公元前531年的近一个世纪内，以晋为首的诸侯国在卫国会盟15次，其中7次在戚城，也就是在那个大土台上。历史人物在台上宰杀牺牲，歃血为盟，议论天下大势；我们这些顽童在上面嬉戏玩闹，拳来脚往，真令人感慨万分，不由得对孟浩然的诗“人事有代谢，往来成古今。江山留胜迹，我辈复登临”多出几分感同身受。

濮阳市志里说，会盟台东侧的那条柏油马路京开大道，在春秋时期就是进出卫国的主干道。两千多年过去了，国道竟依古道而建，说明这条路一直发挥着作用。那么“城濮之战”的辚辚战车，曹操与吕布大战濮阳、寇准和萧太后的萧萧兵马，也都曾在这条官道上留下印痕。

子路坟就在孔悝城东南角，京开大道的西侧。当年子路当过孔悝的邑宰，不幸被卷入卫国内乱，于大道上被暗杀，成就了史上著名的“结缨赴难”，其发生地应当就在这条官道附近。子路遇难以后，卫国人将他的头颅掩埋，并立坟纪念，就是现在的子路坟。

现在，子路坟经过修整，成了一个小院落。

我小时候去子路坟玩时，子路坟只是一个孤零零的土馒头，坟前杂躺着石羊、石马，石碑散落在地上，几株柏树瘦骨嶙峋，在一片荒地中倒显得高耸入云。

我是1987年到的濮阳，正是在那一年，在距孔悝城西南十来里地处挖城市蓄水湖时挖出了大片古墓，有仰韶文化时期的房基10座、墓葬100多座，发掘东周墓葬145座。最轰动的是在45号墓坑发现了一具距今约6400年的老年男性遗骨，仅骨架就高1.84米（按当时的平均身高，他的相对高度不低于现在的姚明）。其骨架东西两侧分别有蚌壳拼成的龙虎图案，龙长1.78米，被考古学家认定是中国迄今发现的时间最早的龙形图案，轰动了考古学界。

这位被有些考古学家认为是伏羲氏的男性，后被确定是当时地位无与伦比的大巫——一个最高级别的王。6000多年前如此规格的先王遗骨，目前在中国仅此一具。

濮阳、菏泽一带，在远古时期叫雷泽，是伏羲部落和炎黄部落繁衍生息的地方，可惜由于夏代以前的历史没有文字记载，一直难以精确判定。西水坡的部落遗址，以及那具伴着龙虎图形的大巫遗骨，也许会提供重要的历史信息。但让人痛心的是，当我后来发现这个遗址的重要性，再去西水坡遗址时，那里早已成了一个几千亩大的水库，一百多座古墓遗址踪迹不见，大片仰韶文化的村落、灰坑也都没了。询问参与施工的老人，说文物挖走了，没剩下啥东西，就继续挖成水库了。

一处珍贵的文明遗址，就这样被取走精华之后毁于一座平庸的水库。那时候的文物保护意识实在淡漠，如果在今天，保存完好的西水坡很有可能像我们的邻居安阳的殷墟一样，成为又一处世界文化遗址。每想到这里，我就忍不住跺脚长叹。

六年级时，我们被组织去参观“中华第一龙”。那是我此生唯一一次见到那位神秘的大巫师。但后来才被告知，大巫和龙虎早就被运走，放在中国历史博物馆，我们看到的只是用贝壳拼成的复制品。

◎潘采夫